献给明代徐达主持修建永平、界岭、长谷口长城640周年
献给明代戚继光主持修建蓟镇石门路板厂峪长城450周年
2020年明长城板厂峪段被宣布为首批国家级长城重要点段之一

话说板厂峪长城

吉 羊 主编

燕山大学出版社
·秦皇岛·

图书在版编目（CIP）数据

话说板厂峪长城 / 吉羊主编. -- 秦皇岛: 燕山大学出版社，2021.5

ISBN 978-7-5761-0149-2

Ⅰ. ①话… Ⅱ. ①吉… Ⅲ. ①长城－文化研究－秦皇岛 Ⅳ. ①K928.77

中国版本图书馆CIP数据核字（2021）第220490号

话说板厂峪长城

吉羊　主编

出 版 人：陈　玉
策 划 人：唐　雷
责任编辑：唐　雷　方志强
封面设计：赵　喆
封面题字：郭万海
封面摄影：于文江
出版发行：燕山大学出版社 YANSHAN UNIVERSITY PRESS
地　　址：河北省秦皇岛市河北大街西段438号
邮政编码：066004
电　　话：0335-8387555
印　　刷：秦皇岛市银城印刷有限公司
经　　销：全国新华书店

开　　本：700mm×1000mm 1/16　　印　　张：12.5　　字　　数：245千字
版　　次：2021年5月第1版　　印　　次：2021年5月第1次印刷
书　　号：ISBN 978-7-5761-0149-2
定　　价：62.00元

序言一

起于不易　行于非凡

郭占鑫

2015 年的秋日，秦皇岛市依律调整了部分县区的行政区划，主城区——海港区的面积由原来的 200 多平方千米，调整为 701 平方千米，结束了只有海没有山的历史，形成了大山大海大美港城的行政组团和地质地貌新格局。

海港区北依燕山之壮，山势雄浑，树木葱茏，人文荟萃，胜景众多，更有长城东西蜿蜒，宛若巨龙腾飞，彰显无穷魅力和不尽情韵。中国明代万里长城东西绵延 8851.8 千米，而秦皇岛市境内长城约 230 千米，海港区境内长城约 110 千米，均是明万里长城中的精华地段。

新格局，新起点，新胸志，新目标。海港区委、区政府等四大班子，与全区广大人民一同担起新时代的新使命，拓展山区道路，修建长城驿站，令天女下凡旅居小镇，扬古峪声名兴筑板城，一路闪变，一路文明，建配套设施，推城乡一体，转低益产业，关污染源头，绿美好环境。拆双违，造林地，善民生，扩就业，长城游游长城，新境新意好山水，人流连仙往之，城乡人民的生活得到极大改善。

正当海港区人民满怀信心奔向全面小康社会之际，区政协组织长城研究者撰写《话说板厂峪长城》一书，在其 70 年的光辉历史中是破天荒的一次，是海港区长城研究史上的第一步，是建设长城文化公园、传承长城精神的务实之举，是海港区在人才使用、成果运用方面的新突破。《话说板厂峪长城》经过多年考证和近一年的精研撰写，用一句话来概括：起于不易，行于非凡。

一是撰写团队融荣共生的体制性创新。这次的创作团队是以吉羊教授为牵头人，组成人员有“40 后”“50 后”的老同志，也有“60 后”的中坚力量，还有“80 后”的青年骨干研究者。这种团队合力而为的模式，一改过去以个人研究论证撰写为主的做法，而是采取老同志设定方向、设定课题，年轻同志徒步考察、查找资料，然后共同研讨，形成共识，开展写作，做到了优势互补、观点互通、全力相向，形成了融荣共生的团队力量。

二是文史与地质相结合的方法性创新。过去，文史与地质基本形成两个往来很少的团队，这次撰写工作，他们打破了固有的界限，两个知识体系互相参照、互相借鉴。地质、地理、自然、文学、军事、史学、旅游等多种知识相互交融。在调查研究过程中，注重了岩石类别、地质构造、地形地貌等环境的拓展；在浩瀚的长城文献资料、学术论文中，他们广泛涉猎，深入研究；在结合中，他们寻求文献与现场的互相印证，形成了按文史学有据可查、按地质学数据实证的特色，提出了板厂峪火山长城、石林长城等新理念，为本书增添了新的色彩。

三是理论与实际结合的内容性创新。吉羊教授、姜耀俭教授在秦皇岛北部开展地理地质研究 40 多年，为国家级柳江地学博览园设计建设方案，为秦皇岛市旅游事业提供建设构想，为海港区北部开发建设提供总体意见，为北部以长城山地为背景开发的景区景点提供指导性建议，在此基础上，增添了文史军事等方面的骨干，使团队具备了多学科综合分析运用能力。在调查中，他们并没有满足于长城研究和秦皇岛长城内容的完备现状，而是 30 多次挥洒辛勤的汗水走遍了板厂峪长城的每一个角落，与村民开展了深入的交谈，得到了村民的首肯，换来了新的真知灼见，取得了丰硕成果。

《话说板厂峪长城》一书具有以下三个特点：

一是较为系统完整地探讨了长城外侧的配套军事建筑形制。我国近几十年形成的长城文献，多是粗线条地介绍关城、墙体和敌楼等长城要素，而本书则着重探讨了长城外侧的配套军事建筑形制，发现了羊马墙、牛马墙、品坑、偏坡、壕沟等军事设施，令人耳目一新。书中还研究了戚继光创建的骑墙空心敌楼和牛马墙等新的长城形制，展示了长城军事建筑的演变过程。

二是较全面地探讨了长城“带状”的军事建筑和附属建筑。过去，长城在人们的印象中是一条横贯东西的“线性”建筑，而本书通过长城城墙本体，城墙外侧的配套军事建筑工程，城墙内的堡城、军营及长城砖窑群等后勤保障系统，将读者的视角引向纵横交错的二维防御系统，更加系统地感受到万里长城是中华民

族的智慧结晶，为我们思古鉴今带来了更深入的思考。

三是较系统地介绍了板厂峪的多维文化。这里不仅是一座“百科全书式”的长城公园，还是一座“专业经典型”自然公园。这里是侏罗纪火山地质公园，是瀑布群地貌公园，是经过专业调查的植物公园。这里还有世界上保存最为完好的、数量最庞大的斑鬣狗化石群。板厂峪长城是历史人文文化与自然环境完美结合的典范。本书注重了对这种完美结合的研究和探讨。

《话说板厂峪长城》是一朵端庄美丽、艳丽芬芳的鲜花，期望在海港区这片热土上夺人眼目、沁人心脾。也期望这样的花朵越来越繁盛，越来越美好，万紫千红总是春，开出一片新的春天。

雄关漫道，长城万里，抚今追昔，信心倍增。海港区人民定会在中国共产党的正确领导下，按照党的十九大提出的新战略新布局，弘扬长城精神，继往开来，砥砺前行，不断把我们的事业推向一个新的更高的水平。

让我们共同期待！

序言二

喜举霞觞贺新篇

董劭伟

辛丑春夏之际，东北大学秦皇岛分校吉羊教授来电，欣喜地告诉我他最近的动态，其中主题便是继续在海港区政协委员位置上发挥作用，成果之一就是推动出版《话说板厂峪长城》一书，书稿已完成并与出版社协商进入编辑程序。吉羊教授年过古稀，却话语铿锵，底气十足，表达自己耕耘长城文化的壮心不已。接电话之际，我亦心潮澎湃。与吉羊教授相识多年，他给我的印象是一个可爱可敬的朝气蓬勃的“老同志”。几年前，央视来秦皇岛拍摄《国家地理》纪录片，吉羊教授全程伴随摄制组上千米高山、爬陡峭长城，不但从未“掉队”，还时不时地充当“领队”，为在纪录片中全面地展示秦皇岛长城风貌和长城文化作出了重要贡献。承蒙吉羊教授邀请我给这本新书写篇序言，不胜荣幸。回想往事，吉羊教授慷慨激昂地给我们同事与学生作报告，讲长城文化和秦皇岛文化。讲台上的他思绪万千而逻辑清晰，真不愧是一名优秀的老教授。他不介意一位对于秦皇岛文化研究并无一二可言的浅薄者为他主编的书籍作序，只是觉得我有历史基础，也喜欢长城文化和秦皇岛历史文化。他很直率地告诉我，已有一篇序言，还希望另一篇是出自历史专业研究者的手笔，既然如此，岂能再言婉拒，随即便接到发来的书稿电子版，开卷有益，斗胆不揣简陋，略陈浅见如下。

板厂峪长城可谓秦皇岛最美的长城之一，这里有深邃的历史积淀，史前的火山喷发而来的遗存遗迹、人类文明的伴生物斑鬣狗的化石，给人留下了神秘的畅想与遐思；匠心独运的长城修建思路展示了古人的无穷智慧，难得的是长城砖窑遗址的发现、明代义乌兵及后裔的家谱资料、碑刻文字和各式各样该地段长城文化的实物构件等，加上保存完好的长城本体与原生态的地貌，这些信息为人津津乐道，则都是本地热爱长城的守护者和研究者不间断地进行文化挖掘的结果。而吉羊教授多年来接连不断的耕耘，使得板厂峪长城文化今天能够得以较为系统地呈现在这本图文并茂、精美的《话说板厂峪长城》书册中，其蕴含的历史信息和文化精神亦将随新时代文化建设而不断普惠于社会各界。

多学科的齐头并进，深入细致的探究，体现了一种不一般的科学精神和劳动精神。现为秦皇岛市海港区政协委员的吉羊教授以其个人魅力，建立了一支优秀的科研团队，既有与其合作多年的老友，也有新近结识的中青年学者，还有秦皇岛本地孜孜不倦以痴迷爱好而被吉老师纳入团队的青年朋友，涉及了历史学、地质学、旅游发展甚至摄影技术等多学科或多领域的专业人士，大家齐心合力，上山登城，爬梳文献资料，比对碑刻家谱文字，不辞辛苦，在并不为本地人陌生的板厂峪长城上书写了新的篇章。

这本书的可读性很强。准确专业的数据，条分缕析的思路，深入浅出的讲解，雅俗共赏的表述，阅读之中，总能感受到这些正是作者的追求。从长城的地域特征、修建的历史细节、选址的苦心孤诣、工事的多位一体，等等，以学术的理性而不失可读的书写，呈现了长城学自身的科学性。依此角度而言，本书涉及的内容可细化为多学科下的科技史、军事史、地质学、民俗学等范畴，辅以对地图、图片、诗歌的生动使用，既是著者诸人的学术思考，也体现了对科学普及的匠心所在。

本书的第一篇《长城旗帜板厂峪》以翔实的内容展示了该地段长城和军事防御工事的存在及其独特的价值；而其从古代到如今赓续不断的文化内涵，则在本书第二篇《板厂峪长城文化》中予以完美展示。古与今的对话，今人面对厚重历史的挖掘与集成乃至发扬，这些恐怕是主持者吉羊教授一直具有的求实风格使然。其早年立足秦皇岛旅游文化发展，撰写了展示秦皇岛文化资源的大量文字，又培养了很多优秀的旅游从业人员，如今挖掘板厂峪长城文化，除严谨的学术一面外，也具规范的科普角度。个人以为该书蕴涵的古为今用的意识既很浓重，又很鲜活，非常值得肯定。唯有此，才能让更多的人从中获益。在一个知识普及越来越广泛的时代，我们需要真实的历史信息，也需要有效的途径去得到精准的文化讯息，这些从这部书中都可以实现。

叨叨如上，只是一个爱好者的自说自话，或许因为秉承了一份尊敬之心，加上在这块第二家乡的土地上，我还是感觉，秦皇岛的长城文化无论怎样挖掘都有无穷尽的领域去做。史学出身的我，知长城学逐渐成为显学，成为多学科聚焦的方向，但对于治学而言，宏大叙事的方式，可以使人对长城精神有整体的理解。对于具体的一段长城，置于宏观的视域下，能够投入足够的精力去考察研究，以我的体验，这里边的情怀因素最值得珍视。这本书体现的无价情怀，也许就是长城文化或长城精神的题中之义。

是为序。

目 录

板厂峪概说

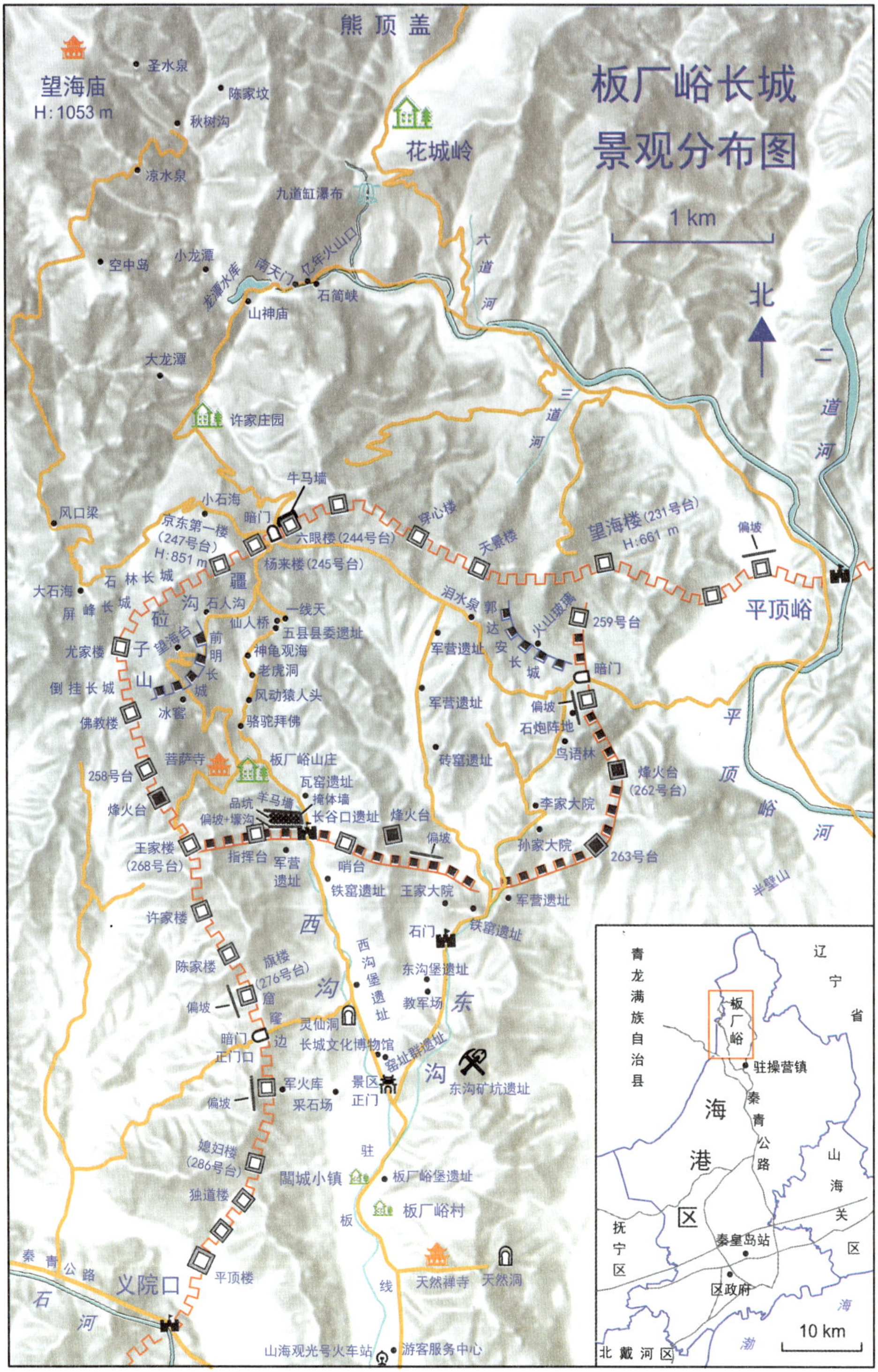

板厂峪长城景观分布图

1 km

北

熊顶盖
望海庙
H: 1053 m
圣水泉
陈家坟
秋树沟
凉水泉
花城岭
九道缸瀑布
空中岛
小龙潭
龙潭水库
南天门
亿年火山口
石筒峡
山神庙
六道河
大龙潭
许家庄园
三道河
二道河
风口梁
小石海
牛马墙
暗门
京东第一楼
(247号台)
H: 851 m
六眼楼(244号台)
穿心楼
杨来楼(245号台)
天景楼
望海楼(231号台)
H: 661 m
偏坡
平顶峪
大石海
石林长城
屏峰长城
疆
沟
石人沟
砬
一线天
仙人桥
五县县委遗址
泪水泉
郭达安长城
火山玻璃
259号台
暗门
尤家楼
子
望海台
前明长城
神龟观海
老虎洞
军营遗址
山
倒挂长城
风动猿人头
冰窖
军营遗址
偏坡
石炮阵地
佛教楼
骆驼拜佛
鸟语林
平顶峪河
菩萨寺
板厂峪山庄
砖窑遗址
258号台
瓦窑遗址
烽火台
(262号台)
品坑
羊马墙
掩体墙
烽火台
偏坡+壕沟
长谷口遗址
烽火台
李家大院
王家楼
(268号台)
指挥台
军营遗址
哨台
偏坡
孙家大院
263号台
铁窑遗址
王家大院
半壁山
军营遗址
许家楼
西沟
石门
铁窑遗址
西沟堡遗址
陈家楼
旗楼
(276号台)
东沟堡遗址
偏坡
窟窿边
教军场
东
暗门
正门口
灵仙洞
长城文化博物馆
窑址群遗址
沟
东沟矿坑遗址
偏坡
军火库
采石场
景区正门
媳妇楼
(286号台)
驻
闆城小镇
板厂峪堡遗址
独道楼
板厂峪村
板
秦青公路
平顶楼
义院口
石河
线
天然禅寺
天然洞
山海观光号火车站
游客服务中心

青龙满族自治县
辽宁省
板厂峪
驻操营镇
海港区
秦青公路
山海关区
抚宁区
秦皇岛站
区政府
海
渤
10 km
北戴河区

板厂峪　聚宝盆

长城设计建设守卫者渐行渐远，
板厂峪古堡是他们永远的思恋。
一千五百年，血肉筑成的长城，
是先辈馈赠板厂峪的金书宝卷。

板厂峪村，一个由长城关口营堡演化而来的村庄，明代属蓟镇东协区石门路义院口提调管辖，现在属河北省秦皇岛市海港区驻操营镇管辖。

古代的板厂峪，森林密布，树木高大，军营借此生产木板，一则制造供运输的车辆，二则制造打仗的战车，三则制作木器家具；当地亦有多个石灰岩板材采石场，故得名板厂峪（图 0-1）。

图 0-1　板厂峪景区山门

板厂峪村南距秦皇岛火车站 35 千米，面积 33 平方千米，在秦皇岛市是一个占地面积非常广阔的村庄，距京哈铁路、京沈高速、承秦高速和 102 国道约 30 千米。秦青公路和秦皇岛地方铁路从村域西南侧通过。

村庄坐落在燕山山脉东段南缘，地处燕山山脉低山丘陵浅山区。周围群山环绕，山势险峻，最高峰“熊顶盖”海拔 1085 米。中间溪流穿过，海拔 170 米，谷地狭长，古来得名“长谷峪”。站在海拔 851 米长城上的京东第一楼，南面的丘陵、盆地、平原、大海，尽收眼底。夏天有风，清清爽爽；冬天有火炕，暖暖和和。民居错落有致，背山面水向阳，延续了明代建筑风格，与自然环境和谐相融。

板厂峪的火山地貌、火山长城、倒挂长城、长城日出、长城云海和长城春花秋色极具知名度，是众多画家、摄影家争相竞逐的创作素材。长城砖窑遗址、石简峡亿年古火山口、灵仙洞斑鬣狗化石群是板厂峪三大文化遗产。来板厂峪究竟看什么、玩什么，有一段顺口溜集锦，奉献给大家：

板厂峪，聚宝盆，稀世珍宝都成群。

四十余座古火山口，一亿年前喷发，磅礴炽烈，今日高山仰止，震撼壮观。

三条沟谷有瀑布，喧嚣奔涌似水龙，飞珠溅玉彩虹起，冬雪冰瀑闪晶莹。

三十三只斑鬣狗，山地草原求生存，似水流年灵仙洞，举世罕见化石群。

六十座长城敌楼，四百年鼎立山头，有名姓世代坚守，戚继光智慧运筹。

二百五十一座长城砖窑瓦窑铁窑与灰窑，媒体告知全世界，万里长城占头条。

三百多座长城陷马坑，纵横南北走西东，当初只为挡战马，戚帅命名品形坑。

火山长城修在火山岩之上，倒挂长城挂在峭壁悬崖之上。

长城旗帜板厂峪，旗杆在西窟窿边。环形长城是旗面，战旗猎猎舞长天。

还有那——

灵仙洞、天然洞、一线天、老虎洞，

五道庙、马王庙、关帝庙、财神庙、土地庙、山神庙，

八仙庵、青龙寺、天然禅寺菩萨寺，

八大锅、长城宴、椊椤叶饼野葱蒜。

东沟豆腐上园茶，喝点小酒不想家。

长城后裔村，先辈威名戚家军，四百年历史转瞬过，世上今人胜古人。

长城雄伟壮观，防御工事种类齐全。历史事件见于文献，民间故事口碑相传。

板厂峪，聚宝盆，稀世珍宝多如云，您若评价富贵美，多多转发好友群。

板厂峪长城是国家文物局确定的第一批 83 个国家级长城重要点段之一，是省级风景名胜区、世界徒步协会健走基地、秦皇岛十大乡村旅游目的地、大中小学生的实习基地和研学基地。

板厂峪人珍惜自己的历史文化和自然资源，重视在保护前提之下的开发，发展长城文化特色的乡村游，尽显大红大绿本色，倡导至善至真民风，成为游客放飞梦想的最佳处、体验长城文化的首选地（图 0-2）。

板厂峪因秦皇岛而身世显赫，

秦皇岛将因板厂峪而名闻天下。

图 0-2　板厂峪欢迎您

板厂峪地名的前世今生

关于“板厂峪”这个地名的历史渊源，我们不应该忘记的是：

明代早期称“长谷口”。

明正德十年（1515 年）开始，在历史典籍中被称为“板场峪”。

1983 年，正式更名为“板厂峪”。

史料 1：《北史·齐本记·卷七》

【史载】北齐文宣帝天保七年（556 年），“自西河总秦戍筑长城，东至海，前后所筑，东西凡三千余里，六十里一戍，其要害置州镇，凡二十五所”。

【点评】据顾祖禹《读史方舆纪要》考证，西河指北齐南朔州西河郡(今山西汾阳)，总秦戍为鲜卑语军戍名称，位置在今山西大同西北境。海是指今秦皇岛市山海关的海边。其夏口至海的部分是沿燕山南麓而筑的。

中国长城文化研究者罗哲文等人认为板厂峪的西线、南线、东线长城是在北齐长城的原址之上修建的，也有人认为是在北周长城，或者隋代长城，甚或燕秦长城的基础上修建的。本书将板厂峪明朝长城之前的长城称为“前明长城”。

史料 2：《明史·明太祖实录》

【史载】洪武十四年春正月二十五日，征虏大将军、魏国公徐达发燕山等卫屯兵万五千一百人，修永平界岭等三十二关……洪武十四年九月初三日，置北平山海卫指挥使司。

【点评】《明史》始纂于康熙十八年(1679 年)，乾隆四年（1739 年）保和殿大学士张廷玉等在康熙时所撰《明史稿》的基础上撰成。因其记载明早期，即洪武十四年（1381 年）修建永平、界岭、山海关长城之事，与板厂峪密切相关，故引用至此。板厂峪的西线、南线、东线长城，属洪武十四年修建的明代早期长城。

史料 3：《明史·明孝宗实录》

【史载】整饬蓟州等处边备都御史洪钟奏：于蓟州永平、山海一带，修筑长城五万余丈，堤岸三百余里，墙堡亦以百计，欲乞差官阅视加赏。

【点评】洪钟（？—1524 年），杭州人，成化十一年（1475 年）进士，担任过刑部尚书、工部尚书等，是朝廷重臣，主持蓟镇军务。他于明弘治十四年（1501 年）在永平、山海重修了 300 里的长城和 300 多里的堤岸，重修堡城数以百计。这是一个非常大的工程。板场峪堡和长谷堡也应在重修之列。

史料 4：《明史·列传·卷第二百十六》

【史载】正德十年，花当子把儿孙……复以五百骑入板场谷。

【点评】正德十年，蒙古部落首领花当之子“把儿孙”率五百骑入板场谷（谷有 gǔ、yù两个发音）。至此，板场峪的名称正式载入史册。

史料 5：《山海关志》（嘉靖十四年，1535 年）

【志载】“板场谷关，官军一百三十六员名，军器一百五十五件。”“长谷口关，官军一百三员名，军器六十三件。”（图 0-3）。

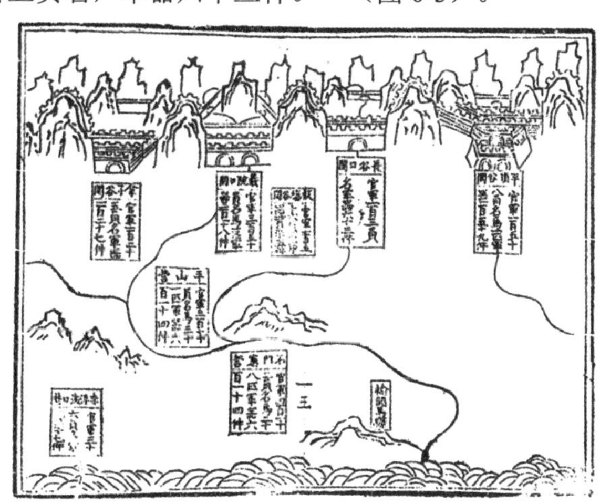

图 0-3　山海关志·山海抵黄花镇图：长谷口关和板厂峪关

【点评】明代嘉靖十四年，山海关兵部分司主事葛守礼修，兵部侍郎、山海关邑人詹荣纂《山海关志》，记载了板厂峪关和长谷口关。

在板厂峪北线长城未修之前，长谷口除了做好自己的防务之外，还要协助平顶峪，做好此南北向长城的防务。而板厂峪堡口除了做好自己的防务之外，还要协助义院口关，做好西线长城的防务。

史料 6：《明史・戚继光传》

【史载】自嘉靖以来，边墙虽修，墩台未建。继光巡行塞上，议建敌台。略言："请跨墙为台，睥睨四达。台高五丈，虚中为三层，台宿百人，铠仗糗粮具备。令戍卒画地受工，先建千二百座……五年秋，台功成。精坚雄壮，二千里声势联接。"

【点评】自嘉靖以来，虽然也不断地修筑边墙，但是没有修筑敌台和烽火台。隆庆元年（1567 年）十二月，戚继光奉调长城沿线，隆庆二年任蓟镇总兵官，"巡行塞上，议建敌台"。他创建骑墙空心敌台，顶层置烽火，围以女墙，可环视四周，中为空心，住宿兵士，储备铠甲军器和粮食。空心敌台是明代长城富有代表性的构筑物，具有驻军、贮藏、作战、传烽等作用。令军士在地上画出敌楼的界线，先建千二百座。戚继光的建议被朝廷采纳，迅速实施，至隆庆五年（1571 年）秋天，自山海关老龙头的靖卤一号敌台开始，至居庸关灰岭口止，共有 1017 座空心敌台建造成功，"精坚雄壮，二千里声势联接"。板厂峪北线长城，即从海拔 661 米处的 237 号敌楼向西至 247 号敌楼，其墙体和敌楼应在此时完工。

史料 7：《万历元年鼎建碑》

2016 年，秦皇岛市文物管理局在板厂峪 244 号敌楼（六眼楼）发现《万历元年鼎建碑》残碑（图 0-4 左），记述了该敌楼建成后，明廷与蓟镇长官等到此检阅之事。此次朝廷阅视多处，但碑刻缺失甚多。陈厉辞和董劭伟（2018 年）通过与董家口等处石碑对照，补缺拾遗，连缀成文（图 0-4 右）。据上文"五年秋，台功成"，知板厂峪西线、东线、北线长城的敌台（敌楼）也应在隆庆五年完成。两年后，即万历元年（1573 年），兵部右侍郎兼都察院都御史汪道昆，总督蓟辽保定军务、兵部右侍郎刘应节，总理练兵兼镇守蓟州等处地方总兵官戚继光等明廷和蓟镇的高级军政长官阅视，立《万历元年鼎建碑》以记盛事。

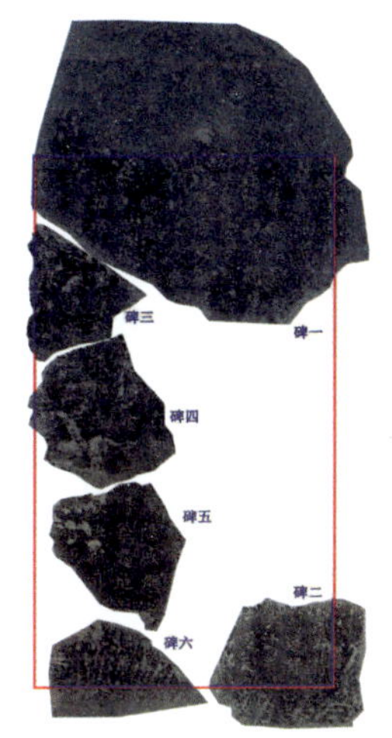

萬歷元年□□閲视薊遼保定等處邊務兵部右侍
郎兼都察院右僉都禦史歙縣汪道昆總督薊遼保
定等處軍務兼理糧餉都察院右都禦史兼兵部右
侍郎濰縣劉應節整飭薊州等處邊備兼巡撫順天
等府地方都察院右僉都禦史膚施楊兆巡按直隸
監察禦使平度王湘整飭永平等處兵備山東按察
司副使潞安宋守約總理練兵兼鎮守薊州等處地
方總兵官中軍都督府右都督鳳陽戚繼光協守東
路副總兵官定遠史綱分守石門等處地方參將署
都指揮僉事張掖張拱立山東秋班都司□□□□
提調同安陳忠原任參將張節劉楫聽用遊擊薊州
薛經守備張沛閩工盧龍知縣嶧縣番愚

图 0-4　《万历元年鼎建碑》拓片拼图及碑刻复原图（据陈厉辞和董劭伟，2018 年）

史料 8：《四镇三关志·蓟镇地形图》（明·万历四年，1576 年）

【图载】“板场谷堡”“长谷口堡”（图 0-5）。

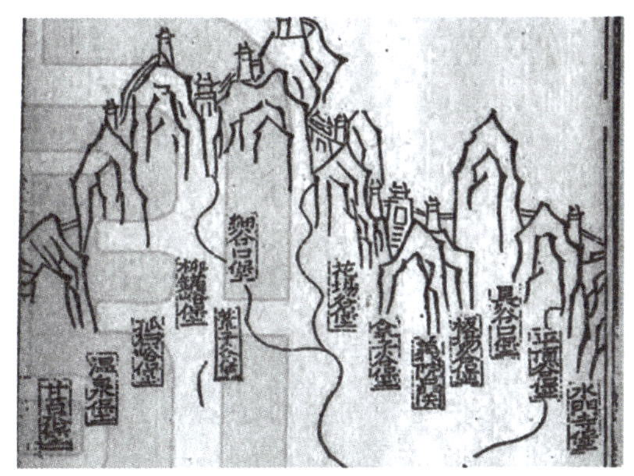

图 0-5　《四镇三关志·蓟镇地形图》中板厂峪地图

【点评】万历四年仍被称为“板场谷堡”“长谷口堡”。

史料 9：《卢龙塞略·边境总图、边防表》（明万历三十八年，1610 年）

【图载】“板场谷堡”“长谷口堡”（图 0-6）。

【表载】“板场谷，城石高丈五尺，周九十二丈四尺，南门有楼，居三十二家”和“长谷口，城石高丈五尺，周百二十九丈七尺，东、南门各楼，居二十七家”（图 0-6）。

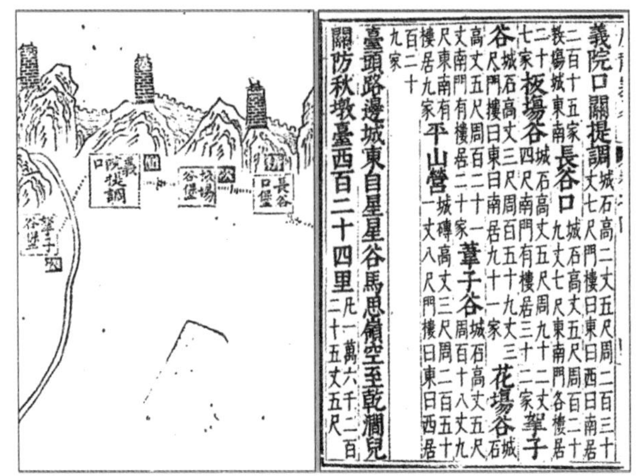
義院口關提調 城石高二丈五尺周二百三十丈七尺門樓曰東曰西曰南居二百十五家教場城東南
長谷口 城石高丈五尺周百二十九丈七尺東南門各樓居二十七家
板場谷 城石高丈五尺周九十二丈四尺南門有樓居三十二家
挐子谷 城石高丈三尺周百五十九丈三尺門樓曰東曰南居九十一家
花場谷 城石高丈五尺周百二十一丈南門有樓居二十家
葦子谷 城石高丈五尺周百十八丈九尺東南有樓居九家
平山營 城磚高丈三尺周二百五十一丈八尺門樓曰東曰西居百二十九家
臺頭路邊城東自星星谷馬思嶺空至乾澗兒關防秋墩臺西百二十四里 凡一萬六千二百二十五丈五尺

图 0-6 《卢龙塞略》中边境总图（左）和边防表（右）记载的板厂峪资料

【点评】以上这几则明代万历三十八年及之前的文献里，都记载了板场谷堡、板场峪堡和长谷口堡，它们都隶属于义院口关提调。长谷口堡城周长 129 丈 7 尺，住 27 家。板厂谷堡城周长 92 丈 4 尺，住 32 家。长谷口堡城大于板厂峪堡城，城内住户却比之较少。现在板厂峪村中，闔城小镇戏台南侧，尚存之前的堡城遗址。

史料 10：《卢龙塞略》和《山海关志》

【图载与志载】“驻操营”被标为“长谷驻操营”（图 0-7）。

【点评】“驻操营”名称前用“长谷”限定，从侧面反映了长谷口的重要性。

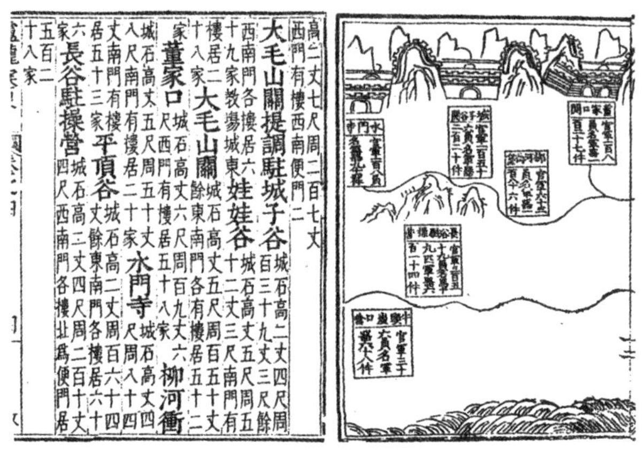
高二丈七尺周二百七丈西門有樓西南便門二
大毛山關提調駐城子谷 城石高二丈四尺周百三十九丈三尺餘西南門各樓居六十九家教場城東
娃娃谷 城石高丈五尺周五十二丈三尺南門有樓居二十八家
大毛山關 城石高丈五尺周百五十丈餘東南門各有樓居五十二家
董家口 城石高丈六尺周百九丈六尺西門有樓居五十八家
柳河衝 城石高丈五尺周五十丈八尺南門有樓居二十家
水門寺 城石高丈四尺周八十四丈南門有樓居五十三家
平頂谷 城石高二丈周百六十四丈餘東南門各樓居六十六家
長谷駐操營 城石高二丈四尺周二百十丈四尺西南門各樓址爲便門居五百二十八家

图 0-7 《卢龙塞略》和《山海关志》中曾将驻操营称为“长谷驻操营”

史料 11：《天然洞增修正殿三间记事碑》（乾隆十七年，1752 年）

【碑文载】“天然洞在长谷村南三里许……”

【点评】板厂峪明早期长城以南 1.5 千米处有天然寺，寺内有古塔、天然洞等景观。古塔建于明弘治十三年（1500 年）。古塔东北有“天然洞”，为一石灰岩溶洞，洞口上方镶嵌“天然洞”石匾额一块，落款为明“万历四十三年”。

洞前矗立清乾隆十七年《天然洞增修大殿三间记事碑》，碑文称“天然洞在长谷村南三里许……”。可见，直到乾隆年间，长谷口还存在于现实之中，但不再是“堡”了。

史料 12：《永平府志·边城》（光绪）

【图载】“板场峪”（图 0-8）。

【点评】清代康熙、乾隆、光绪年间，曾多次刊印《临榆县志》。从清代开始，取消了“堡、关”的称呼，正式使用了“板场峪”这个地名。

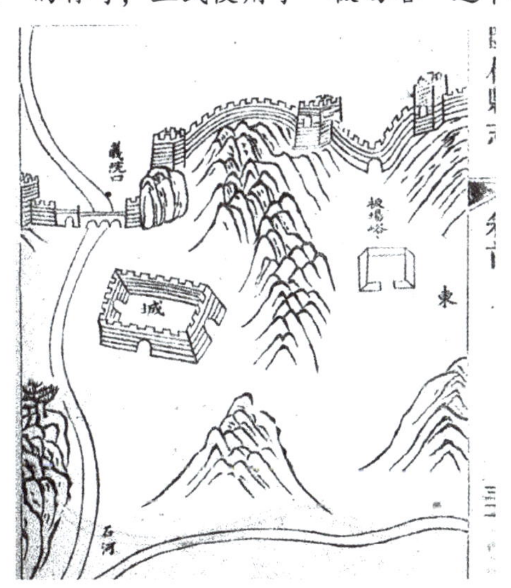

图 0-8　《永平府志·边城》中板厂峪地形图

史料 13：民国《临榆县图》等地图

【图载】民国《临榆县图》还出现过 “板城峪”“搬城峪”等地名（图 0-9）。

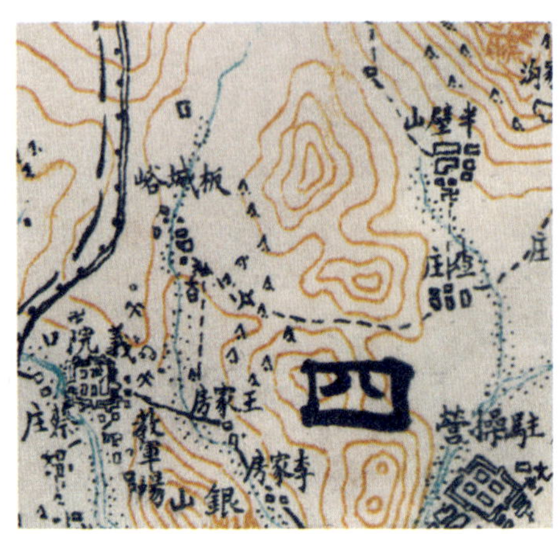

图 0-9　民国《临榆县图》出现板城峪地名

【点评】板城峪，可能来自民间传说的“搬城峪”。一是传说东线有郭达安因修错长城而被杀头，此处长城被拆了又易地重修的故事。二是因为板场峪堡原在西沟，后来搬到今天的板厂峪村。受到这些说法影响所形成的故事在长城沿线有许多，可能也有一些牵强附会吧！

史料 14：《临榆县志・图》（民国十八年，1929 年）

【图载】民国十八年由高凌霨纂修、程敏侯编辑的《临榆县志・图》首次载为：“板厰峪”（图 0-10）。

【点评】这张图上，板场峪变成了“板厰峪”。

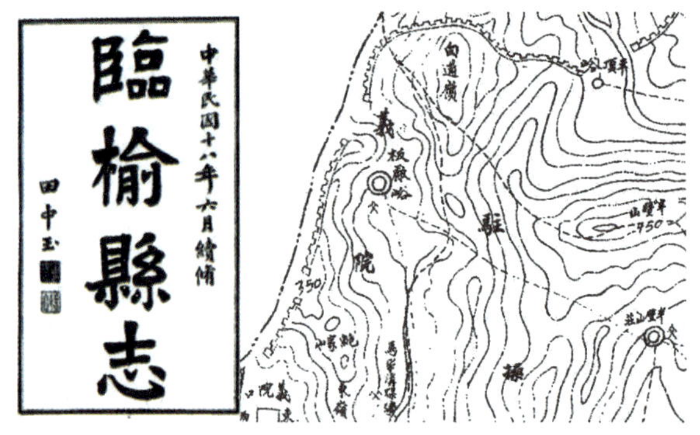

图 0-10　民国《临榆县志》首现如今的“板厂峪”地名

史料 15：《抚宁县地名志》（抚宁县地名办公室，1983 年）

《秦皇岛市地名词典》（秦皇岛市地名办公室，1994 年）

【板厂峪】该村位于义院口公社驻地东北偏北 1.8 千米，坐落于长城脚下，地处山区。920 口人，均为汉族。村内有 5 个生产队。为板厂峪大队驻地。该地特产板栗，年产在万斤以上。此地为长城关口之一。该村东南偏南 200 米处，有古塔一座，属明代建筑，为省重点保护文物。在塔东北 20 米处，有一经人工修理过的天然石灰岩洞，别具特色。据查，明崇祯年间（1628—1644 年），陈、杨、于、贾等姓从山东移民到此落户。因居长谷中，故翟家洞碑文载该村原名长谷村。后因森林茂密，且建有木板场，故庄改名板场峪，又书写为板厂峪。

【板厂峪东沟】在抚宁区驻操营镇人民政府西北 8.3 千米，属板厂峪行政村。明戍边楼台军曾于此居住，后荒废。清光绪年间，孙、李等姓由青龙和绥中迁此建村。因处板厂峪村北东道沟，故名。聚落呈长方形，人口 146 人，耕地 153 亩。农作物以玉米、高粱为主。通乡村路。

【板厂峪古塔及天然洞概况】板厂峪古塔位于义院口公社板厂峪村南 200 米的山岭中（图 0-11）。在抚宁区城东北偏北 45 千米处，该塔为明代建筑（据传是为纪念一翟姓道人而建），为七层六面柱形古塔，塔高 15 米，塔身全用砖砌成。外涂白灰，呈淡橙色，六面框柱匀称突出，与框里 6 个平面相称成体，优雅壮观。塔顶部有金属装饰成圆形葫芦状，另有叉状避雷针。塔的底层雕着数个佛像，形态逼真，栩栩如生，但有的被毁坏，大减当年风采。

古塔东北 20 米处有一天然山洞，洞口上面镶有一块名曰“天然洞”的石匾，系明万历年间所刻。天然洞为石灰岩，呈树枝状，许多支洞向两侧斜上方伸展，主洞较宽敞，入洞 10 米后可直立行走。再往前走，洞分为三大分支，并有水泵。再前行爬过“鹞子翻身”，洞更觉开阔。洞内潮湿并处处滴水，形成许多酒盅大小的“水坑”，有一处名为“三盅酒”。全长约 5 里，至今无人走完全程。古塔东侧土坪上，原建有道庙，现仅存石碑两块。据碑文所知，道庙乃万历三十年（1602 年）所建。天然洞又名“翟家洞”，据传翟道人即住在此庙。古塔可能是为葬翟道人所修，但碑文中未提此事，至今无证可考。1982年，古塔被确定为省文物重点保护单位，古塔经整修，已面目一新，更加引人注目。

【点评】随着时间的推移，板厂峪的地名亦不断变化。1983年，抚宁县地名标准化处理正式定名为“板厂峪”，结束了“场、厂”混用的历史。《抚宁县地名志》《秦皇岛市地名词典》，是20世纪八九十年代由政府地名机构编辑出版的地名书籍，共收入板厂峪村的四个地名。板厂峪村非关非镇，村之殊荣矣。

图0-11　板厂峪古塔

第一篇　板厂峪旗帜长城

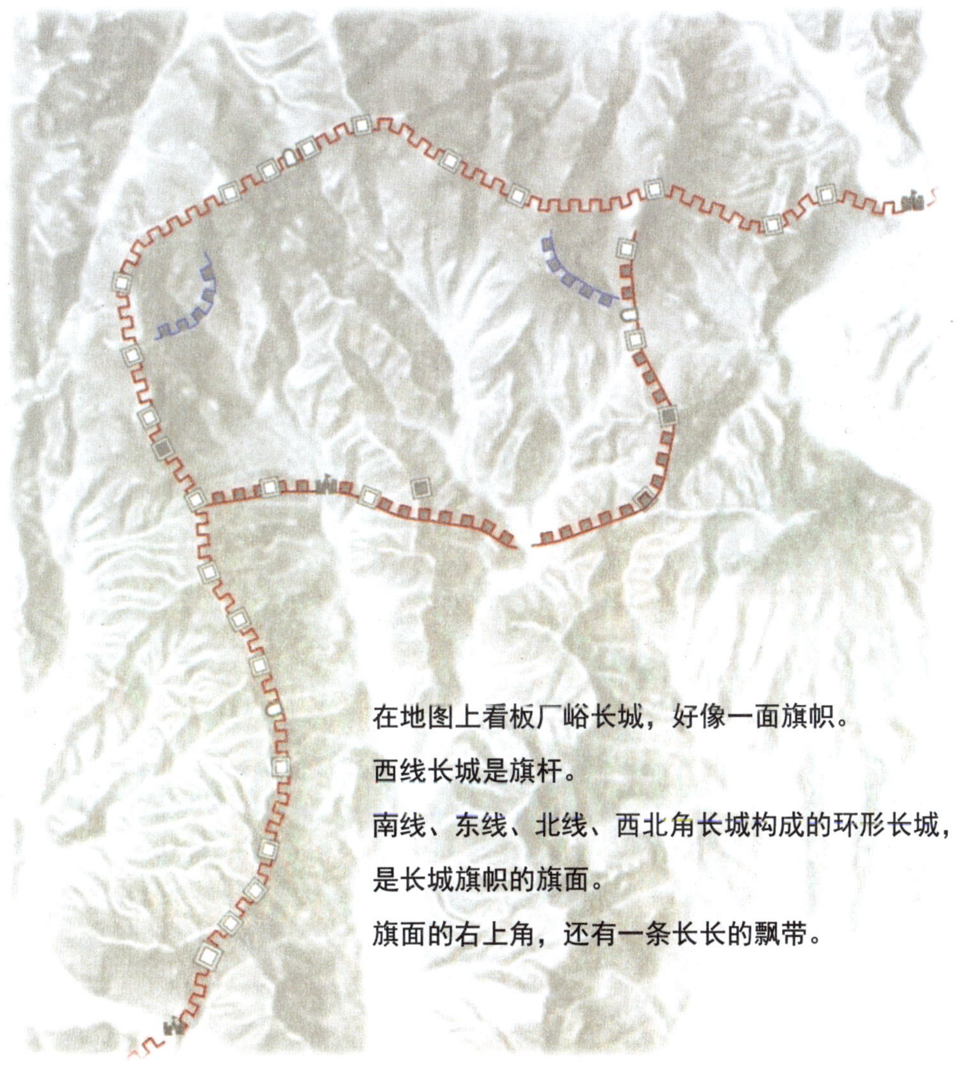

在地图上看板厂峪长城，好像一面旗帜。

西线长城是旗杆。

南线、东线、北线、西北角长城构成的环形长城，

是长城旗帜的旗面。

旗面的右上角，还有一条长长的飘带。

第一章　南线长城——固若金汤长谷口

天净沙·南线长城

斑驳老边悬崖[1]，
长谷雄关横跨，
壕沟品坑羊马[2]。
戎装披挂，
人道中山徐达[3]。

由闇城小镇向北，沿着板厂峪西沟谷地行进约 2.5 千米，有一条东西向延伸的石砌长城（图 1-1），即板厂峪“旗帜长城”的南线部分，当地人称“老边”，长度约为 3 千米。板厂峪西沟溪流切过南线长城的位置，即长谷口关遗址。

在修建南线长城时，西沟和东沟不到三里路的距离修了三座关。其中，东沟的两座关相距只有 100 米左右。这三座关口合称“长谷口关”。明代早期，北方骑兵的主要进攻方向在东边的董家口、城子峪、平顶峪一带，长谷口关协防平顶峪的作用十分重要。在明嘉靖十四年的《山海关志》和明万历三十八年的《卢龙塞略》里，连驻操营都曾被称为“长谷驻操营”。

640 年，弹指一挥间，长谷口关在地震中倒塌了，南线长城也遭遇过无数次山洪肆虐，现今乱石杂垒，边墙坍塌，只留下几处遗址供后世凭吊，令人扼腕叹息。如今板厂峪村开发旅游业，疏浚河道，养草种树，整理石墙，修桥补路，使古老的长谷口旧貌换新颜，再现柳绿叶翠、鸟语花香。

1 老边：对明早期长城的民间称呼。

2 壕沟、品坑、羊马（墙）均为长城外的军事防御工事。

3 徐达（1332—1385），安徽凤阳人，朱元璋同乡，去世后，被追封为中山王，后人称其为明朝第一功臣、开国元勋。

图 1-1　在南线与西线交界处纵观南线长城

南线长城的西端与西线长城呈“丁”字形连接，东端沿半壁山西侧呈弧形向北延伸。该段长城横亘的山脊海拔高度在 270~350 米之间，与东沟交汇处低至 220 米，只有与西线长城交界处达到 400 米左右。

站在长谷口遗址上，人们不禁心生疑问：长城为什么要修在这里？要回答这个问题，让我们站在长谷口向南北两侧的远处望去。这是一条狭长的沟谷，东西两侧凸起的山脊，分别向谷底伸出一条余脉，像两只臂膀，从肘部向内弯曲，两手相扣的位置就是长谷口，这是扼守西沟南北通道的最佳位置。

登上南线长城残存的墙体，可见墙体的南侧较薄且大都已坍塌或破损，墙体的北侧则较厚且保存相对较好，而用于攻击敌人并保护自己的女墙就修在北侧，说明南线长城是为了防御北方的进攻（图 1-2）。

图 1-2　从北线长城远望南线长城和长谷口关

但若是为了防御北方的敌人，南线往北不到两千米的地方就分布着海拔更高（600 ~800 米）的弧形山脉，地势更为高大险要，更加易守难攻，显然是修建长城的最佳位置，可为什么舍北边海拔 600 ~800 米的高大山脊不用，偏偏选在南边 220 ~350 米的低山丘陵来修建长城呢？而在长谷口的西北方是大面积的平坦开阔地带，一旦有北方骑兵快速进攻，这里将无险可守，这样做是否违反了长城“因地形，用险制塞”的修建原则呢？难道在这背后有着什么无可奈何的原因吗？而明军又通过哪些防御工事来化解这一不利的地形因素呢？

第一节　苦心孤诣的长城选址

何谓苦心孤诣？苦心钻研，达到别人难以企及的地步，也指为了寻求解决问题的办法而煞费苦心。

从军事需要出发，应该直接选择北边的高山，修建最坚固的长城。然而，理想很丰满，现实很骨感。明初的长城选址和修建，受到地缘政治、社会经济、军事态势、攻防策略、施工技术等多种条件的制约，需要从多方面进行综合考虑。

一、先易后难的修建策略

元朝末年，连年争战，民不聊生。元朝统治者决定退回漠北草原。然而，退回的过程并不是仓皇逃窜，而是考虑比较周全的撤退。例如，能带走的金银细软全部带到位于张家口的张北县元中都和位于锡林郭勒盟正蓝旗的元上都。到了明朝建都金陵，从元朝统治者手中接过来的遗产只剩下破败的山河和无数的饥民。

洪武初年，退回到漠北的元朝残余势力如瓦剌、鞑靼诸部不断南下骚扰抢掠，使得明朝亟须在北方边境建立一条长城防线，而现实却是国库空虚，财力物力极端匮乏。史料记载表明，明朝初期修建长城是以关隘为重点，后经明朝中期的大规模兴筑和后期的重建与改线，才逐步建成了稳固的长城防线。这种先易后难、由点到线、由线到面的施工顺序无疑是一种理性的修建策略。而板厂峪旗帜长城的修建顺序显然也遵循了这种修建策略，即先在南部低矮山丘上快速地修建一条长城防线，成了最现实的选择。

二、继往开来的选址思想

虽然依据先易后难的修建策略确定了先在南部低矮山丘上修建长城和关隘，但如何选择城墙、关隘、敌台、哨台、烽火台、军营、附属工事及后勤基地等军事设施修建位置呢？这可是需要军事战略家花费大量时间进行实地地形勘查并考虑各种现实因素才能确定的事。而在时间和财力物力有限的条件下，最有效的办法显然是在原有长城的基础上继往开来，快速重建一条新的防线。

据史料记载，长谷口建于明洪武年间，由开国元勋徐达主持修建。洪武十四年，徐达发燕山等卫屯兵 15 100 人，“修永平界岭等三十二关，当年九月初三日，置北平山海卫指挥使司”。这一段古文，说了三个地名：永平、界岭、山海，都在今秦皇岛市境内。板厂峪这一段长城，理应包括在内。

根据南线长城的形制和普遍使用石灰勾缝的特征，多数学者认为这是明朝早期长城，在原北齐长城的基础上，修整补缀建成的一条新长城（沈朝阳，2002）。

我们在长谷口遗址西侧南面城墙上发现了一块石刻（图 1-3），该石刻位于一个距地面约 1.5 米的形状不规则的火山凝灰岩石块上。虽然石刻的字迹已模糊不清，但根据拓片细读，仍可识别为：“西界田三、王千生、徐农修完边城十二丈。”刻石时间疑为“嘉靖二十四年三月廿三”。从字迹可以看出，其虽刻在硬度比石灰岩更高的火山岩上，但仍不失遒劲有力之感。该石刻在城墙上的镶嵌方式及所选石材与北线明后期长城上常见石碑不同，但从其内容和语言风格方面仍然可以判断，该石刻是用来记录这段长城修建的长度、时间及责任人等信息的，是明长城上常见的石刻内容。结合其略有模糊的时间落款，应该可以确定本段长城于明代嘉靖年间有一次修建或修缮。

图 1-3　长谷口西侧城墙上石刻

秦皇岛天开海岳，位于交通要冲，自古以来都是兵家必争之地。明朝以前留下来大量的长城遗迹，至今还有北齐长城、北周长城、隋代长城的遗存及其归属的争论，在本书中，我们把这些长城统称为“前明长城”。

三、用险制塞的修建原则

南线长城虽然是在前明长城的基础上重建的，但并非简单地为了节约成本而牺牲军事防御能力。通过仔细分析南线长城所处地形地貌特征蕴含的军事攻防价值，可以发现：即使在明朝以前，长城的每一处选址也都独具匠心、苦心孤诣，深藏着“因地形，用险制塞”的修建原则。

首先，南线长城的地质背景。从地质角度来看，南线长城横亘在距今 1.4 亿年前形成的中生界侏罗系火山岩山脉之上，其岩性主要为流纹质熔岩角砾岩、凝灰角砾岩、凝灰岩等火山岩。与南线长城以南约 500 米位置的下古生界砂岩、石灰岩等沉积岩相比，该类岩石质地致密坚硬，不易风化，常发育柱状节理，形成易守难攻的悬崖峭壁，进而演变为兵家必争之地（图 1-4）。因此，优越的地质背景应该是在此修建长城的根本原因之一，据此形成了特殊的“火山长城”奇观。

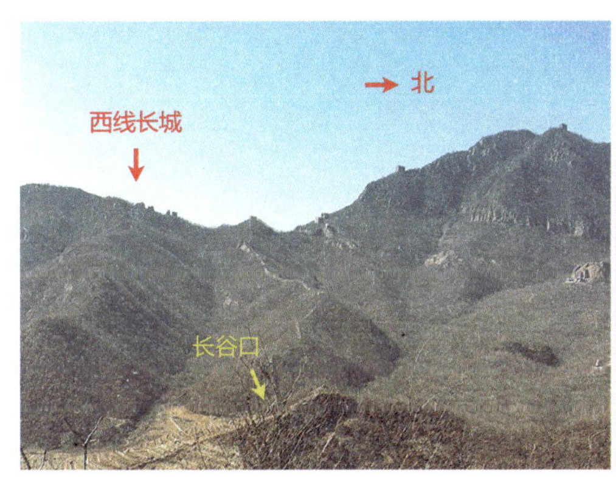

图 1-4　长谷口西侧（左图）与东侧（右图）地形

其次，南线长城的地形特征。此地特殊的火山岩地质背景创造了众多易守难攻的地形条件，但为何偏偏选在此处修建长城和长谷口呢？我们环顾长谷口所处的地形可以发现，其横亘的东西两侧山脊余脉，是从北方越过高大弧形山峰后，面对的第一道天然屏障。整体看，长谷口西接险峻山脉，东临小型悬崖（图 1-4），西、北、东三面陡峭山脉绵延，这不就是一个天然的“口袋阵”嘛！长谷口正是“口袋阵”收口的地方，是建关设卡的绝妙位置。由此看出，即使在有限条件下，修建长城也坚持了“因地形，用险制塞”的原则。

四、更新换代的砌墙技术

为了节约人力、物力和财力，古人遵循了“就地取材”的施工原则，形成了土夯、石砌和砖包三种墙体建筑方式。而三种建造方式的选择，是所在地的原料条件、防御要求和施工水平等因素共同作用的结果。南线长城坐落在火山岩形成的山脉之上，此类岩石质地坚硬，是修建城墙的理想材料。因此，游览南线长城，甚至整个板厂峪长城，可以发现其所用石材绝大部分是各种火山角砾岩、火山凝灰岩等火山岩石块（图 1-5），仅局部可见少量石灰岩、砂岩等沉积岩石块。这些石块应是由附近沉积岩出露区采集而来。

随着社会不断发展，经济条件不断改善，修筑长城的材料和施工技术也逐步更新换代。明长城的石块体积更大，墙面更规整美观，且普遍用石灰勾缝，改变了先前石块干砌的修筑方法，使城墙更加坚固，增强了防御能力（图 1-5）。

图 1-5　南线明早期长城（左图）与东线明朝以前长城（右图）砌墙方式对比

如图 1-5 所示，在长谷口西侧城墙的坍塌横截面上，可以看到“戗墙”的存在。戗墙，是修建长城时的一堵横墙，连接内外城墙的两个边沿，再加上后方已经修好的长城横截面，形成一个个长条形格子，用以充填土石，形成巨大合力，

对高坡上方的城墙起着支撑作用。有戗墙的长城多保留较好，说明戗墙增加了城墙的坚固程度。戗墙在山脊线高低起伏的石砌长城中较为常见。

在无可奈何之中选择了不是最佳的位置，尽管修建了城墙和关口也无法完全弥补城墙所在的低矮山丘、墙外的宽缓山坡、关外的开阔地形等固有的不利因素带来的防守劣势，这些劣势可以通过修筑附属的防御工事进行化解吗？

第二节 化腐朽为神奇的防御工事

如前所述，南线长城和长谷口关最明显的防御劣势是其外侧低缓的山坡和开阔的地形，明朝守军为化解这些劣势做了哪些具有针对性的防御工事呢？我们通过详细勘查古战场的蛛丝马迹，发现这里从北向南，依次存在由羊马墙—品坑陷马阵—掩体墙—壕沟—偏坡—城墙（或墙台、哨台）—烽火台—军营等组成的一整套防御工事，使长谷口关“固若金汤”（图 1-6）。

图 1-6 长谷口防御工事分布图

我们现在以北方骑兵从北方进攻的角度，看看这些防御工事是如何将骑兵的优势消弭于无形之中的。

一、 羊马墙

当北方骑兵费尽九牛二虎之力翻过崎岖的北部高山，从狭长的板厂峪西沟向南进攻，走到长谷口西北的平坦地带，首先遇到一堵干砌石墙（图 1-7）。

图 1-7 依然屹立不倒的羊马墙

这道石墙距南线长城约 80 米，已处于长城守军弓箭的有效射程之内。石墙尚存约长 36 米，厚约 1.1 米，高约 1.4 米。如果把身后的长城比作一匹大马，这堵石墙就是一只小羊，故称为“羊马墙”，也称“挡马墙”。修建羊马墙是为了阻挡骑兵，让行进在较为开阔的山地上的骑兵遇到障碍，向两边拥挤碰撞，减缓速度，进入守城将士的靶区。这种防御工事是古代城市防守体系的重要组成部分，通常修建在护城河内侧，也称为“羊马城”或“羊马垣”。而长谷口守军灵活地将其应用在长城关口的防守中，应该说是一种创举。

二、品字形石坑阵

跨过羊马墙，在距南线长城 50~80 米的区域，又遇到约 300 个呈“品”字形排列的石砌坑的阻拦，这便是古代防御体系中的“品坑阵”，曾在其中发掘出俗称“扎马钉”的铁蒺藜（图 1-8）。虽然现在大多品坑已被碎石和腐土掩埋，但仍然可通过石砌边缘看出其形状和分布规模。这些石砌坑排列间距约为 0.5 米，呈不规则圆形和四边形，坑壁由石块干砌而成，墙厚 0.8~1 米，内部直径/边长 1.5~4 米，深约 0.8 米，面积为 4~10 平方米。

图 1-8　品字形石坑阵局部及出土的铁蒺藜

修建“品”字形石坑阵的目的是遏制骑兵的机动灵活性。曾经有人为板厂峪的石坑阵写过一副楹联，抄录于此，权当“历史的回音”，为几百年前的先人们用智慧和汗水铸造的奇迹，献上一曲赞歌：

坑小卑微，长宽不足八尺一丈。

阵宏广远，左右能抵万马千军。

据明朝史书记载，大规模的品坑防御工事主要布置在宁夏镇、山西镇防区，如《弘治宁夏新志》载：“品坑，河东墙外，共四万四千余坑，都御史张祯叔、王珣相机置挖。”可知明弘治九年（1496 年）至十五年（1502 年），时任巡抚张祯叔、王珣先后在河东长城外侧 50 米处修筑品坑 4.4 万多个。据宁夏灵武市古长城调查与试掘研究发现，明长城外侧约 50 米处有大量排列规整有序的品坑，虽然现已被风沙掩埋，但其地表遗迹仍清晰可辨（李小明，2019）。

明朝蓟镇防区内见于记载的品坑有不少，据《四镇三关志》记载，古北口品坑 2 万处，山海关 1028 处等。但是，随着历史的漫延，这些品坑多消失于历史的烟尘之中。这个在长谷口关外保存完好的“品”字形石坑阵，为我们呈现了古代长城沿线沙场攻防的经典场景，实属难得。

三、掩体墙与掩体石

如果北方骑兵越过品坑陷马阵，还会遇到埋伏在巨石后侧守军的攻击。因为在品坑阵的中部和东部区域存在很多巨大的石块，长城守军巧妙地利用这些巨石修建了掩体墙与掩体石（图 1-9）。现在仍然可以看到在这些巨石的东南面大都有人工开凿的椭圆形石穴，其开口直径约 18 厘米，内部直径约 35 厘米，深度可达 42 厘米，可作为存储箭镞等武器之用。

通过羊马墙、品坑陷马阵和掩体墙与掩体石这三道防线，基本将北方骑兵想快速进攻的计划打乱，逼迫大规模兵力只能从狭长的西沟河谷向长谷口城门发起攻击。虽然城门外的河谷地势平坦，但若要攻破高达 15 米的长谷口关绝非易事。另外，可以想象长城守军也会在城门外摆放若干道拒马、鹿角木、铁蒺藜等古代常用于挫伤战骑、迟滞骑兵进攻速度的防线（虽已无遗迹可寻），这样可使得长城上的守军有更多的时间进行防守反击。

图 1-9　品坑陷马阵中掩体石（左图）与东侧掩体墙（右图）

四、偏坡与壕沟

当北方骑兵越过前面三道防线，进攻到南线长城脚下时，是否就可以轻易跨

过了呢？答案显然是否定的，因为南线长城北侧靠近城墙的山坡上普遍被“悉斫削陡峻，以绝虏骑”（《明史·明英宗实录》），至今仍可看到 1~2 条平行于城墙的人造陡坡，这些即偏坡（图 1-10）。

明朝在修建长城时，为了增加从关外进攻的难度，常把靠近城墙的山坡铲削成悬崖，仅长谷口关当时所属的蓟镇石门路就有“铲偏坡九千五百九十七丈（约 28.8 千米）”（《卢龙塞略》）。蓟镇总兵戚继光认为偏坡的重要性在于“墙垣乃疆圉之藩篱，而偏坡又墙垣之障蔽。有偏坡则虏虽众不敢仰视于上，马虽强不敢驰骠于下，钩竿不可到，云梯不可安”。偏坡有效降低了敌人骑兵和步兵的机动灵活性，增加了敌人靠近边墙的难度，提高了长城的防御能力。在西线和东线长城的敌楼、沟谷等关键位置外侧，其山坡不但被铲削过，还在铲削的基础上修筑了石砌墙，使得山坡更为陡峻，进一步提高了进攻的难度。

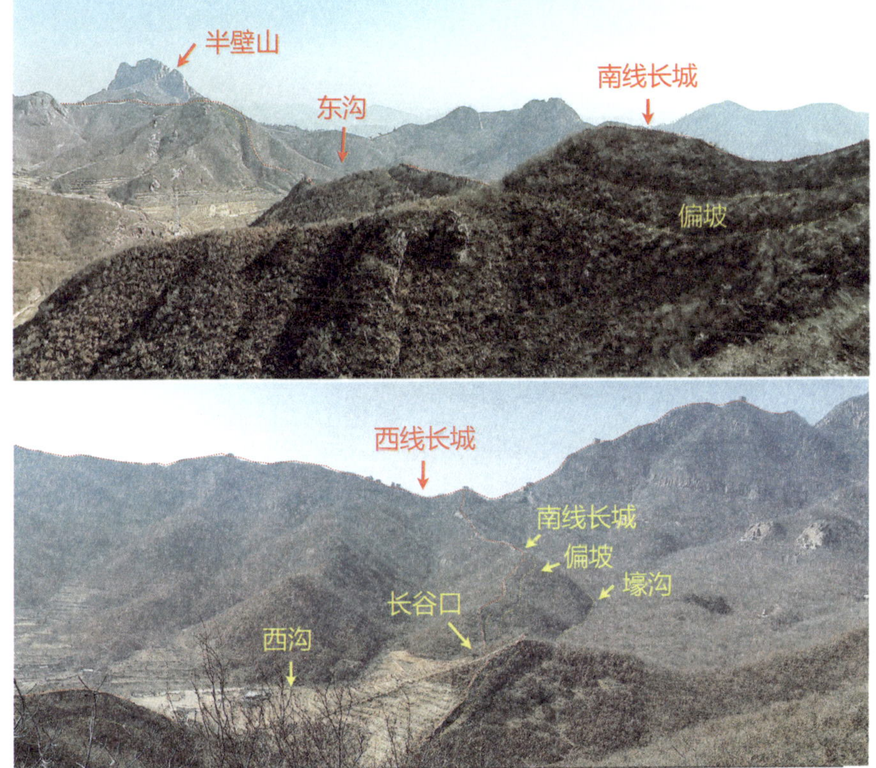

图 1-10　从南线北侧烽火台向东西两侧看可见长城北侧存在 1~2 条偏坡

在修建长城时，除了铲削山坡形成偏坡以外，在地形平缓的地方还会挖掘深壕，即壕沟（图 1-10）。壕沟的作用与偏坡类似。通过削坡、挖沟，不仅提高了长城外的险峻程度，还为修建城墙提供了土石材料，真可谓一举两得。

五、墙台、哨台与烽火台

南线长城原本是一道前明长城，明代早期在徐达主持之下进行重修，发挥了重要的作用。戚继光主持蓟镇军务时，这道城墙已不再是居于重要位置的长城了，其墙台没有改建成骑墙空心敌楼，而是保留了原来的墙台。墙台也没有改为砖筑，依然由毛石垒砌而成。根据台基判断，南线长城修有四座墙台，台体均向北凸出，现多已坍塌损毁。从长谷口关沿长城向西约 300 米可见一座墙台遗址，残高比城墙高约 1.5 米，台体向北凸出，在其东侧有凸出城墙的方形平台（图 1-11），外侧可见石砌偏坡。站在此处向东北望去，居高临下，城门外侧情景尽收眼底，在战争时期能将敌军的部署和动向一览无余，此处应是守军的瞭望台或指挥台。

图 1-11　长谷口西侧墙台+指挥台（左图）和东侧哨台遗址（右图）

从长谷口关沿长城向东约 50 米可达悬崖最高处，在长城内侧可见一方形基座圆形台身的石砌高台，其台面比北侧城墙高出约 1 米（图 1-11），站在此处也可将城门外侧的敌军动向一览无余。根据其形制和所处位置，推测该石砌高台应为哨台位置。长谷口东西两侧的这两个制高点可全面监控关外敌军动向，起到预警和指挥的作用。

板厂峪西沟与东沟的中间有一道南北向的山梁，在其靠近南线长城的北侧有

一座仅残留地基的古建筑遗址（图 1-12）。该建筑基座大致呈正方形，条石地基和墙体都是由附近采集的火山碎屑岩石块干砌而成，没有发现石灰勾缝的痕迹，据此可以推测，该建筑的修建时代应该早于普遍使用石灰的南线长城。那么这座修在长城外侧的建筑是做什么用的呢？登上该遗址举目远眺，可见这里视野开阔，背靠南线长城，对西、北、东三个方向的地势一览无余，可将长城外侧的敌情畅通无阻地传递给长城守军，是一个修建烽火台的绝佳位置。但随着明朝在西线和东线长城更险要的位置上修建了新的烽火台，改进了对敌情的监控预警系统，这个前朝遗留的古烽火台被逐步废弃和拆除。

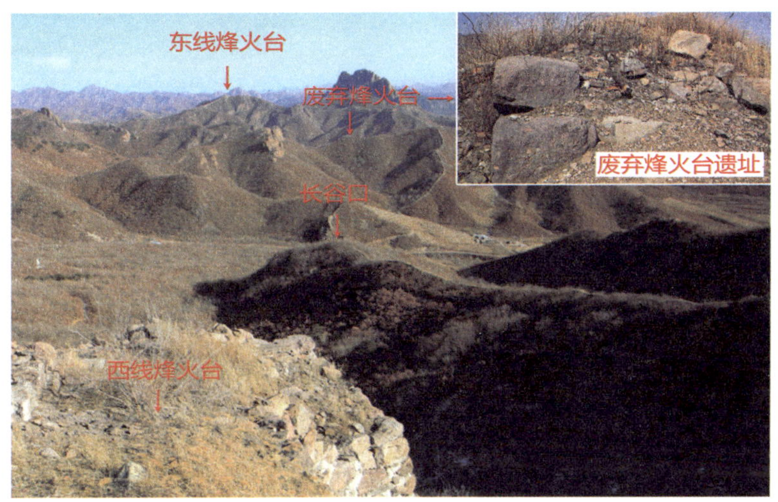

图 1-12　东沟与西沟中间山梁上的烽火台

六、守军军营

在长谷口关西南侧平坦山岗上，可见数座石砌房屋遗址。和明代早期长城一样，石墙上石块用石灰勾缝，应为守关将士驻扎的军营，或公共食堂（图 1-13）。这种就近部署的小规模军事设施应是特意为守护长谷口关而设置的，此处还发现了蓄养猪、羊、鸡等家畜家禽的圈舍和种植蔬菜的痕迹，可以见到山葱、山蒜、韭菜等还在顽强地成片生长。附近还有西沟堡、板厂峪堡和东沟堡三个较大规模的军营，为快速有效应对敌情提供了兵力和后勤保障。

图 1-13　长谷口关西南侧守军军营遗址

如上所述，通过认真分析长谷口和南线长城古战场防御工事遗迹，可以看出这里由羊马墙 + 品坑陷马阵 + 掩体墙与掩体石 + 偏坡 + 壕沟 + 城墙 + 城门 + 墙台与指挥台 + 哨台与烽火台 + 军营，组成了环环相扣的军事防御体系。可以想象，当快速进攻的北方骑兵遇到这种环环相扣的立体防御体系时，将无计可施。真可谓：长城巍峨，横亘山脊，严阵以待，固若金汤。

第三节　功成身退的老边风范

南线长城堪称完美的军事防御工事，处处体现着古人的军事智慧，被称为明朝早期石砌长城的“标本”。但随着北线、西线长城的加固创修，南线和东线长城及长谷口关逐渐退出了一线对敌的战斗序列。

从军事角度看，防御工事都是人们对自然空间的改造，其选址、设计、修建、攻防和兴衰等过程都反映了所处时代的军事伦理、战略意图和生产力水平（贾珺和考舸，2019）。秦皇岛明长城经历了三个阶段：明初的武力防御、明成化至嘉靖年间的消极防御、明隆庆至万历年间全方位积极防御（沈朝阳，2002）。

板厂峪环形长城的修建过程，也在一定程度上反映了明朝防御策略的演化过程。首先在前朝长城的基础上，修建了西线、南线和东线长城，然后随着西线、西北角和北线长城的闭合，南线和东线长城结束了它的一线使命。但假如敌军攻击到此，仍然可以组织起军事力量，守护这里的关城，给敌军以打击。

第二章　东线长城——郭达安修错长城之谜

江城子·东线长城

东墙晚照彩云天，
泪水泉，偏坡悬[1]。
徐达筑关，长谷口森严[2]。
戚将练兵子母铳，
锦旗展，墩台边。

丝绸之路行远近[3]，
茶马道，走方圆。
狮身人面，勾连半壁山[4]，
家国卫士气宇轩，
军堡暖，伴夕烟[5]。

板厂峪环形长城的东线部分，是由南线经半壁山西侧呈弧形蜿蜒而来，直抵北线长城望海楼所在的海拔 661 米的至高点南侧悬崖之下，全长约 3 千米，有墙台 3 座、烽火台 1 座、哨台 1 座、暗门 1 座，以及城墙西侧 500 多米的偏坡和数个石炮阵地，共同构成了东线长城的防御体系（图 2-1）。与南线长城一样，修建东线长城的石材也是当地漫山遍野的火山岩，普遍采用石灰勾缝，体现着“就地取材”的施工原则。城墙主体保留得较为完整，现存墙体高 3~4 米，宽约 3 米。

1 泪水泉：东线长城悬崖下滴水成泉，当地传说孟姜女在此哭泣。
2 徐达筑长谷口关，戚继光在长城上修骑墙敌台和烽火台。
3 东线长城有暗门和盘山小道，在和平时期用于长城内的贸易往来。
4 东线北端有悬崖，形似狮身人面像，南端为半壁山。
5 军堡暖：明代在长城沿线屯兵屯民，允许兵士带家属，在和平时期享受家庭温暖。

暗门南侧长约 100 米的城墙具有厚度均匀的上、中、下三层结构，每层都是由大块火山岩垒砌，两层之间以暗色的较薄石块隔开，成为东线长城的一个特色。这种垒砌方式不但看起来整齐美观，而且每层都有平整的底面，使得城墙更加坚固，显示了高超的施工技术。

图 2-1　东线长城全景

第一节　东线长城是平顶峪的西防线

东线长城重点防御的是哪个方向的敌人进攻呢？面对一段陌生的长城，一般可从哪几个方面判断它的防御方向呢？

一、从地形特征判断防御方向

长城选址遵循“因地形，用险制塞”的原则，总是把易守难攻的地形留在敌方一侧。东线长城所在的山体，东侧坡度平缓，而西侧陡峭（图 2-1）。显然，长城脚下的峭壁悬崖更有利于防守西侧板厂峪方向敌人的进攻。

二、从长城女墙、墙台等判断防御方向

女墙和敌台是长城最典型的特征，它们的位置和修建形制都是为了更好地保护自己和攻击敌人。一般来说，女墙都会设置在面向敌方的一侧（双边女墙除外），墙台、敌台或马面的凸出位置也是在面向敌方的一侧。虽然东线长城上的女墙和墙台破损严重，但根据其残留的痕迹，仍然可以确定其女墙和墙台凸出位置都是面向板厂峪的一侧（图 2-2），说明本段长城的防御方向是西侧的板厂峪。

图 2-2　东线长城暗门、女墙、墙台及偏坡位置

三、从长城外侧的附属防御工事判断其防御方向

长城的外侧还存在着一系列化腐朽为神奇的附属防御工事，它们因地制宜的设置有效地克服了不利地形因素带来的防守劣势。其中，偏坡是长城重要的附属防御工事之一。在东线长城的西侧，修筑了长近 500 米的偏坡，放眼望去，巍峨

壮观（图 2-1）。与南线长城简单铲削山体形成的偏坡不同，此处的偏坡不但对山体进行了铲削，还用石块垒砌成石墙，在墙台和沟谷等重点防御部位还使用石灰勾缝，使得偏坡更加稳固（图 2-2），形成了长城外侧的一道前沿防线，此处偏坡所修的位置也显示出东线长城是为了抵御来自西侧的敌人。

四、从石炮阵地的位置判断其防御方向

2002 年 10 月 20 日，许国华等人在东线长城暗门西侧发现了半截石炮残块，在东线长城西侧共出土了 5 门完整石炮和 2 门残炮(图 2-3)。每门石炮重 366~400 千克，炮身呈圆柱体，长 90~166 厘米，外径 60~75 厘米。一起出土的还有 60 多枚石雷，其孔口直径约 11 厘米，长约 45 厘米，重约 3 千克。

图 2-3　板厂峪出土的长城石炮

据说石炮是由蓟镇巡抚刘应节在明隆庆元年（1567 年）创制的，是明代蓟镇长城的东部（今秦皇岛市境内）的“边塞独用”守城火器。制造石炮的石材是本地遍布的坚硬花岗岩或者石英砂岩，取材方便，成本低廉。这种石炮已基本上具

备了早期前膛炮的全部构造功能，由炮膛、引火槽和装柄槽组成，是能够反复使用的管形火器。经试验，长城石炮射程并不太远，通常情况下，有效距离仅四五十米。但其杀伤力却相当大，由炮膛发射的弹丸、铁片、碎石可形成一个近距离的可怕的杀伤扇面（辐射面），对攻到城下开阔地域的兵马能造成极大的杀伤。因此，石炮在古代的战争中，特别是在长城的防守方面，起到了不可低估的作用。蓟镇总兵戚继光对石炮给予了高度评价，认为是“第一利器，且不费官币。一时数万可备，节材威敌，诚为妙策”（戚继光《练兵杂记》卷五·军器解上）。

石炮一般放在敌楼和长城上临敌一侧备用。如敌人来犯，将火药、碎石、铅弹装入炮膛，再用石弹堵住炮口，封住炮膛，用引线从点火孔引出，然后点燃引火线，引爆火药，石雷从石炮射出抛向敌人，可砸可炸，以打击敌人。这些石炮、石雷的出土，足以证明这段长城配备了强大的火力用来防御西侧来犯之敌。

五、从哨台位置和暗门结构判断其防御方向

修建长城时，为了及时发现敌情和传递预警消息，一般会在靠近长城关口内侧的制高点上设置哨台，其高度会明显高于附近的长城女墙以便于瞭望。与南线长谷口关相似，在东线长城暗门内侧的制高点上也设置了一个石砌高台（图 2-2 右），其所处位置一般位于长城内侧，相反的一侧——板厂峪即其防御方向。

暗门是长城内外联系的狭窄通道，大致分为直通拱券式和非直通暗道式，多为砖石结构，且设有门闩孔以安装门扇。与常见关口一样，暗门门闩的位置也多是修建在靠近敌方的一侧，以便于看守防御。如图 2-2 左所示，此处暗门的门闩位置是靠近西侧板厂峪的，这指示了它的防御方向。穿过此处暗门，至今还可见到有条蜿蜒向西的羊肠古道直通六眼楼所在的垭口（图 2-4），是平顶峪经板厂峪和关外商旅通行的要道，可以说是长城脚下的小“丝绸之路”。

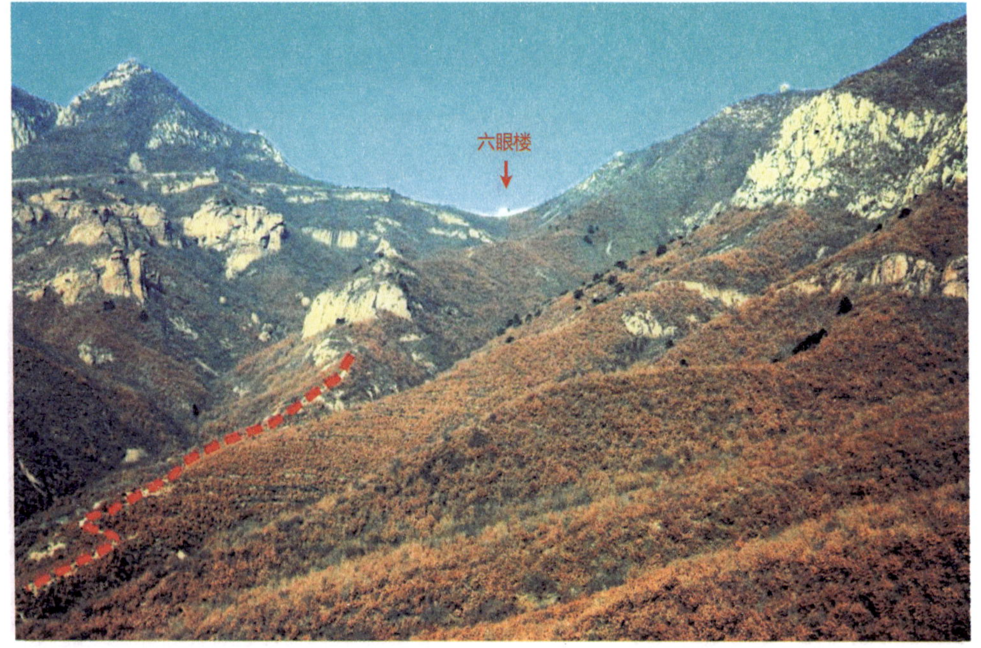

图 2-4　连接平顶峪和板厂峪的“丝绸之路”古道

沿着这条“丝绸之路”古道，还经常能发现古人留下的痕迹。比如，我们就发现了一枚锈迹斑斑的马掌（图 2-5 左），说明这条小道还能供马、骡行走。我们可以想象到当年这条小道上战马嘶鸣或商旅络绎不绝的情景。

图 2-5　“丝绸之路”古道上的马掌和泪水泉

在小道旁边的悬崖下还有一眼山泉（图 2-5 右），当地人称“泪水泉”。相传是孟姜女寻夫时路过这里，听到夫君范喜良已劳累至死的消息，不禁泪如雨下。

燕山之神受到感动，也在山崖的石壁上落下“泪水”来，于是形成了这汩汩清泉。

总之，长城各种防御工事的布设都是为了更好地保护自己和攻击敌人。随着修建经验的不断积累和技术的不断进步，这些工事也随之更新换代，最终在明朝达到了顶峰。这象征中华民族精神的万里长城，是中国历代长城的集大成者，它处处体现着古人的智慧，需要我们认真地用心去体会。

第二节 郭达安长城修错了吗

站在东线长城暗门附近的城墙上，向北望去，可见东线长城蜿蜒曲折直抵231号敌台所在的悬崖之下，使长城之雄壮与悬崖之巍峨完美地融为一体，真正体现了长城“因地形，用险制塞”的修建原则。若往西北方向的山头望去，会发现这里还存在着一条碎石堆积的石陇。待走近细看，就可以确定这是干砌石墙倒塌后形成的，它与东线长城组成了一个“Y”字形（图2-6）。当地的村民把这段坍塌的石砌墙叫作“郭达安长城”，因为这里流传着一个“郭达安因修错长城被杀头”的传说。

图2-6 东线北端新老长城呈“Y”字形分布

故事是这样的：传说秦始皇修建万里长城的时候，派遣大将郭达安负责修筑板厂峪长城。郭达安是位干将，每到一处都要认真地核对图纸，实地勘察路线，做到合理施工。在修建板厂峪东线长城北段时，他发现如果按照原来的图纸修筑（图 2-6 右侧红线），长城需要横穿山间河谷，势必会受到洪水的冲蚀，而且在抵御外敌时容易被西侧敌人居高临下地歼灭，不利于防守，这样的路线选址很明显是不合理的。于是，他连夜修改了图纸，把这段长城的修建位置改在西侧的山脊上（图 2-6 左侧蓝线），并派人上奏秦始皇。但考虑到等待批复后再施工，会延误工期，按照当时律令，误期者当斩。所以，他下令立即开工，按照他修改之后的图纸修筑长城。秦始皇看了郭达安的奏折以后，觉得修改的路线更为合理，心中暗暗佩服。但转而一想，如果承认郭达安改得好，就会影响自己的威严，不利于以后的统一指挥。正在这时，又有人告密说郭达安私自动工，秦始皇大发雷霆，为了杀一儆百，以“擅自修改图纸，贻误施工大计”的罪名斩杀了郭达安，并且下令拆除已修好的这段长城，仍然按原来的图纸在东侧修建。后来果然如郭达安所料，修建在山谷中的长城被河水冲垮了。人们虽然对秦始皇的做法敢怒不敢言，但为了纪念郭达安，就把埋他身体的地方叫郭达安坟，把埋他头颅的地方叫郭头寨，把拆除的这段长城叫郭达安长城，把拆除长城的村子叫搬城峪。后来，一些历史书籍就曾把板厂峪称为搬城峪。

上面这个传说演绎了东线长城北端“Y”字形长城的来历。显然，传说不能作为讨论问题的证据。在长城沿线，类似的民间传说时有所闻，孰真孰伪，很难判断，深追细究，往往难以自圆其说。

那么，这个“Y”字形长城产生的真实原因是什么呢？翻遍了文史资料，也找不到有关这段长城的修建记录，我们只能从实物考证的角度分析这个问题了。对于长城选址，古人可以说是苦心孤诣，我们在前面的部分已进行了详细的总结。面对两段不同的长城，首先，需要分析其所处的地形条件。如图 2-6 所示，从局部地形条件来说，“Y”字形的两个分支各有优缺，都符合“因地形，用险制塞”的原则，都是修建长城的理想位置。然后，根据形制特点和砌墙技术判断其修建时代顺序。如图 2-6 所示，“Y”字形西侧长城所用石块小而薄，基本是未经雕琢

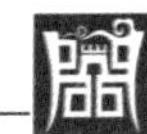

的天然毛石，且采用做工粗糙的干砌方式修建，现多已坍塌；而“Y”字形东侧明长城所用石块大而厚，墙面整齐，有石灰勾缝，做工较好，保存完整。据此可以确定：东侧分支的砌墙技术比西侧成熟，其修建年代应该晚于西侧长城。而东侧为公认的明早期长城，西侧自然就是明朝以前的长城了。至于这段“郭达安长城”的具体修建年代，从修建形制来看，其应该是与板厂峪西北角长城内侧的“北齐长城”（详见第四章第五节部分）同时修建的，其距今已有将近 1500 年的历史了。

如果这段“郭达安长城”是明朝之前修建的，难道那时就修了这么一小段吗？应该不是的。我们已经在第一章第一节部分讲过，明朝初年急需一道长城防线却又钱款短缺，确定了先易后难和继往开来的选址理念，其早期阶段的长城多是沿着前明长城重建的。而在这里明早期长城和前明长城之所以呈“Y”字形，是因为在其交汇点往南的整个南线长城，二者都是重合的，只是从这里开始，弃旧创新，将长城走向调整到了现在的位置，目的是更好地利用海拔 661 米的至高点南侧的悬崖山险，赢得更好的防御效果。

因此，“郭达安因修错长城被杀头”的传说，只是演绎了东线长城北端“Y”字形长城的来历，其真正的原因是明长城在前朝长城的基础上调整了线路。这也反映了中国长城的修建历史是一个不断优化线路、不断改良建材和砌墙技术的过程，逐渐形成了严密得当的长城防御体系。

第三节　火山长城喜相逢

与南线长城相比，东线长城所在的地势更为险峻，海拔高度多超过 350 米，归根结底是因为这里更靠近火山口，形成了众多由典型火山岩组成的悬崖峭壁。如图 2-6 所示，东线长城的北起点即直抵在火山岩形成的悬崖峭壁，形成了严肃、生动、有趣的“火山长城喜相逢”的震撼画面。移步近看，高山仰止，更能感受巍峨磅礴的气势（图 2-7）。其高大密集的火山岩柱，是多期火山岩浆溢流形成的典型叠嶂地貌景观，山体直立酷似屏障，四周陡崖直耸云霄，具有奇、雄、险、秀兼有并蓄的美学个性。

图 2-7　东线长城北端直抵由多期岩浆溢流形成的叠嶂峭壁之下

组成这些叠嶂的岩石多为厚层的流纹岩或安山岩，其岩石中的横纹或曲纹均为岩浆流动的标志（图 2-8），而垂直的火山岩柱则是火山岩浆快速冷凝、热胀冷缩的结果，是火山岩特有的标志。比这里更典型、更壮观的火山岩柱地貌就是北侧的石简峡了（详见第十四章第二节部分）。在这些巨厚岩层的中间夹着薄层的火山角砾岩或凝灰岩，它们多呈薄层状，夹杂着粒度不等的碎石凝灰（图 2-9）。如果研究这些叠嶂或碎屑岩的叠层数量，还可以推断火山岩浆喷发的次数呢！

图 2-8　板厂峪的山体上常见的流纹岩纹理

图 2-9　板厂峪的山体上常见的火山碎屑岩和岩浆流动纹理

走在东线长城上，还经常见到有气孔状或杏仁状构造的火山岩石块，它们也是火山岩独有的形态之一（图 2-10）。岩浆在流动冷凝过程中，所含的气体来不及向外逸散，留在岩石内部形成了各种形状的孔洞。当气孔占总体积的 90% 以上时，这些岩石还能神奇地漂浮在水面上，它们也因此被称为浮石，可作为观赏石或者建筑石材装点我们的生活，也有人用它作搓脚石呢！

图 2-10 具有气孔-杏仁状构造的火山岩

由于火山岩浆喷发是分期次的，喷发的规模也有大有小，早期喷发的岩浆先凝结成岩石，因为热胀冷缩，出现裂缝，成为后期岩浆的通道。当后期喷发规模较小时，炙热的岩浆热液就会慢慢烘烤裂隙周围的岩石使其发生不同程度的熔化，但在岩浆突然停止喷发后，这些熔化的岩石就会快速冷却，以至于都来不及结晶而直接凝固形成天然的火山玻璃（图 2-11）。

图 2-11 东线暗门附近特有的火山岩类型——火山玻璃

从东线暗门开始，沿着东线长城向南，直到《秦皇岛长城》中编号为 262 的石砌墙台，地势起伏都不算大。这个墙台建在东线长城的内侧，位于一个至高点上，视野开阔，易守难攻（图 2-12）。但这个墙台与东线长城之间有约两米的距离。据我们测量，其台体底部长宽均为 7 米，残高约 5 米，北侧还保留着两个垛口。从其形制和位置判断，这个墙台应为烽火台，至少是兼具敌台和烽火台的功能，与西线长城上的烽火台一起传递敌情信息。

图 2-12　北望东线长城中段制高点上的烽火台

越过 262 号烽火台继续向南，地势突然就变得崎岖难行了，陡坎悬崖林立。越过这些陡坎，行至半壁山脚下，向北望去，整座山峰是由巨厚的流纹岩组成。其顶部平缓，而南侧和东侧则是如刀削般的陡崖，壁立千仞，使得其上屹立的古老长城和刺向苍穹的敌楼若隐若现，显得更加蔚然壮观（图 2-13）。向南望去，即可近距离地仰视图 2-1 中形状怪异的半壁山了。从外形上看，它东西长而南北窄，形如鸡冠，常被称为“鸡冠山”，是常见的火山岩地貌形态。而站在西北方的板厂峪酒店远观半壁山，其东侧的巨石就像一位仰望天空的伟人，为我们指引着前进的方向，东线长城便由此缓缓地向西转向了。

图 2-13 东线长城中段及烽火台所处的地形特征

总的来说，与南线长城一样，整个东线长城也是修建在距今 1.4 亿年前的侏罗纪末期形成的火山岩之上，但其地势更加崎岖不平（图 2-13），而东线长城便在这陡崖峭壁间开山辟路，踞险而建，气势恢宏，将火山之险与长城之坚巧妙地融为一体，可谓是名副其实的“火山长城”。前行至此的我们在感叹大自然鬼斧神工的同时，更会想到在此修筑长城的艰辛，不禁佩服古人坚韧不拔的毅力和巧妙利用自然的智慧，不断地给予我们战胜困难的勇气。

第三章　北线长城——戚继光矗立鼎建碑

定风波·北线长城

徐达之前八百年[1]，
燕山高墙起连绵。
无奈风吹雨打去，
可怜，
断壁荒台破残垣。

一元复始冬不寒[2]，
戚帅守北正当年[3]。
重整河山威仪在，
且看，
四百年后建公园[4]。

民间有一句俗语“汉冢唐塔朱打圈（juàn）”，说的是：两汉时代盛行厚葬，留下了规模宏大的汉代墓葬。唐朝崇信佛教，修建了庞大的唐代塔群建筑。朱元璋听从朱升 “高筑墙，广积粮，缓称王” 的建议，大规模修建长城。从规模、技术及管理等多个方面，明长城都达到了前所未有的高度。明长城分为九个防御区，称为九边或者九镇。蓟镇长城东起山海关，西至居庸关镇边城，绵延约 660 千米，是明代长城中九镇最重要的一镇。

板厂峪长城隶属蓟镇石门路，其北线长城是指东起位于平顶峪制高点海拔

1 徐达之前：一般认为板厂峪明长城是在比徐达早约 800 年的北齐长城基础上修建的。

2 一元复始冬不寒：指隆庆元年（1567 年）十二月，戚继光北上，镇守蓟门。

3 戚继光生于 1528 年，隆庆元年戚继光 39 岁，正值壮年。

4 建公园：指板厂峪将建设长城国家文化公园。

661 米的 231 号楼，该楼的标志是立有测量觇标三脚架（图 3-1），经横跨垭口的穿心楼、雄踞悬崖之巅的望海楼、攻防兼备的六眼楼和标准的空心骑墙杨来楼（图 3-2、3-3），西行至海拔 851 米京东第一楼（抚宁长城编号第 162 号楼）东侧岩壁下，全长约 3.5 千米。在这里，时任蓟镇总兵官的戚继光亲自规划设计，建成之后，又亲自阅视，矗立了《鼎建碑》。

图 3-1　西望 231 号楼和北线长城

图 3-2　北线长城的穿心楼

图 3-3　杨来楼、六眼楼和北线长城

纵观整个北线长城，可以发现其修建在比南线和东线长城更为险峻的山脊线上，体现了长城修建技术的进步（图 3-3）。长城修建在山脊线上的好处很多：一是登高望远，视线开阔；二是居高临下，易守难攻；三是因为经过长期考验，山脊线总是最坚硬、最稳定的部位，在这里修建长城最为稳妥。可是，山脊线总会蜿蜒起伏，长城也会随之出现高高低低的变化，当山脊线上出现两边高中间低，像个马鞍一样形状的时候，就被称为山的鞍部。鞍部修建的长城称为鞍部长城。鞍部长城相对低缓，进攻的一方认为这里得手的胜算较大，防守的一方也认为敌人选择这里作为突破口的可能性较大。因此，鞍部长城往往成为敌我双方拼力争夺、发生激战的地方。在北线长城就有数段这样的鞍部长城，而扼守这些关键位置的，正是具有重要的军事价值的杨来楼、六眼楼和穿心楼等。

第一节　攻守兼备的六眼楼

六眼楼因其南北两侧各有罕见的 6 个箭窗而得名（图 3-4），这说明该敌楼配备了高于普通敌楼一倍的防御兵力。不仅如此，六眼楼还有“牛马墙”“暗门”等不同寻常的防御工事，诉说着自己重要的军事意义。

戚继光主持蓟镇军务时，空心敌台设置佛郎机 8 架，每架子铳 9 门，神枪 12 把，每把神枪箭 30 枚，火药 300 斤，铁钉棍八根，滚木擂石预备充足，号旗一面，木梆锣鼓一具，柴米人各一日。墙垛冲处，每垛干柴一束，重为百斤，干草五把，滚木擂石充足，器械各随所执，火药于台取用，五垛共一梆旗。每台一百总，五台一把总，十台一千总。六眼楼要远比这个“标配”更加强大。

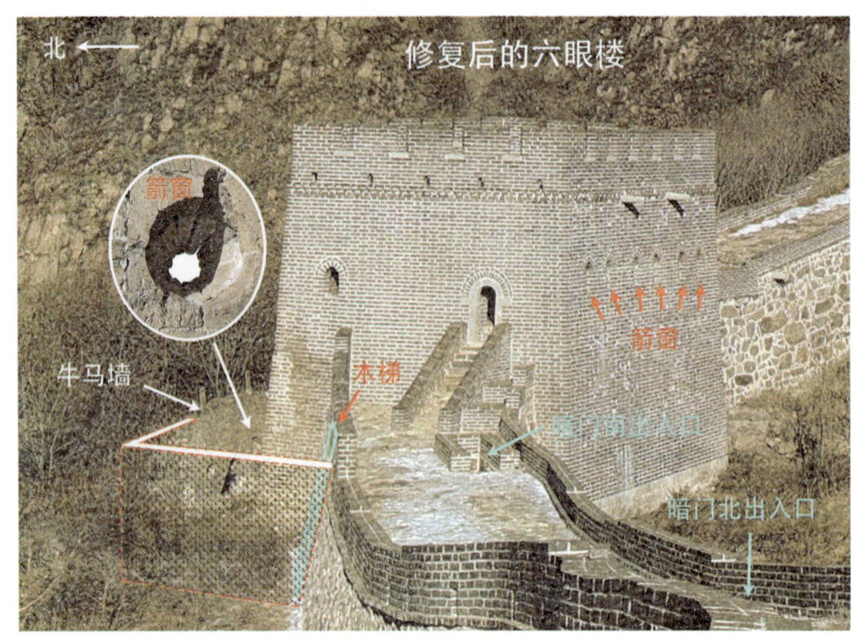

图 3-4　复修后的六眼楼

火铳的使用历史很长，考古发现，宋代已经开始使用火炮。明代永乐年间，大量制造火炮，并置于边关哨所使用。铜铳在元至顺三年（1332 年）已在战争中使用。正德十六年（1521 年），明代政府开始仿制西式火炮，称佛郎机，嘉靖八年（1529 年）用于长城防御。根据汪鋐建议：“每墩置铳一把，以三人守之；每堡置铳三把，以十人守之。”戚继光更是大规模使用佛郎机，他说：“此器最利，且便速无比，但其体不宜行军，此无车营，只可边墙守城用之……可打一里有余，人马洞过。”由于戚继光的大力推进，蓟镇长城普遍使用了佛郎机、火铳等兵器，北方骑兵不敢贸然侵犯。戚继光说：“敌马远来，五十步内不过弓箭射我。我今有鸟铳、快枪、火箭、虎蹲炮、佛郎机，皆远过木箭，狠过木箭，中人多过木箭。”

戚继光在东南沿海抗倭时，就十分重视使用新式火器。他提出：“守险全恃火器。”他在《纪效新书》和《练兵实纪》两本重要的兵法著作中记录了使用大

量新式火器装备明军，以及制器、用器、练兵、布阵的研究和实施。他特别注重外来枪炮研究与仿制，书中还记录了仿制鸟铳和佛朗机炮的有关内容，绘制了它们的图形，介绍了它们的制作与使用方法。

六眼楼规模较大，雄踞在板厂峪北线鞍部长城的东侧，中层内部由3个拱形券室组成，每个券室南北各有2个箭窗，敌楼南北两侧各有6个箭窗，再加东西两侧各1个箭窗，共计14个箭窗。敌楼上有一孔箭窗，就意味着有一火铳在伺候着，随时待发。对敌楼而言，箭窗的多寡等于宣告自己火力的强弱，六眼楼用14个箭窗体现了其强大的攻防能力。

在六眼楼中层内部的西南角，原有石筑阶梯连通的上中两层，复修时未修阶梯。敌楼顶层四周以女墙圈围，视野开阔。顶部原有铺房（楼橹），供站岗的哨兵雨天避雨，但同样遗憾的是在复修过程中未能重建这座铺房。

在六眼楼中层底部东南角，向东开一小门，门外筑有一间小房（图3-5）。2017年复修六眼楼时，在这间小屋里发现残破锅台和一些铁锅碎片，说明这里过去是一间厨房。据许国华讲，板厂峪的敌楼大多都有厨房，敌楼内的墙壁上才没有被烟熏火燎的痕迹。

图3-5　六眼楼东侧的厨房遗址

敌楼外的空地上，有厕所和猪圈，还有菜地。至今，在长城沿线的敌楼内侧，还偶尔可以见到野葱、野蒜、野韭菜。不过话又说回来，这哪里是什么野菜呀！这是当年守城兵士种植的蔬菜。如今人走楼空，这些蔬菜回归自然，生生不息，又顽强地活了几百年，陪伴着孤独的敌楼和无言的长城。如今，登长城的人越来越多，你采我也采，不消几年时间，这些前人留下的蔬菜就会荡然无存。本书作者恳请各位手下留情，长城边的葱蒜莫要采，留下这些陪伴长城的、忠诚可爱的绿色精灵。

第二节　羊马墙的升级版——牛马墙

牛马墙早在宋代就用于城防，当时叫羊马墙，也是百姓和羊马等牲畜的躲藏之所。羊马墙不配备火器，防御能力较弱，墙上的孔洞，仅用于瞭望。明代有创新精神的军事家戚继光整饬长城防御时，改良了这种羊马墙，在墙上预留了铳眼，以装备佛郎机，称为牛马墙。关于这种墙的形状和射窗排布，戚继光在《重建三屯营镇府记》中有一段记载："周城水洞有二，敌台有九，环以牛马墙，列孔以备睥睨。"睥睨，侧目斜视，后人称为女墙或垛口。如图 3-4 所示，在六眼楼北侧约 3 米处保存着一段长约 8 米、高约 3 米的残墙，根据东西两侧残留的墙基判断，此墙先前应该是环绕敌楼外侧形成了一个闭合区域。中部位置分布着一排不同高度的圆形喇叭状孔洞，其内侧口径大，约 40 厘米，外侧口径小，约 10 厘米；其底部则分布着一排口径略小的圆形孔洞，应为火铳或佛郎机射击口（图 3-6）。

图 3-6　六眼楼外侧的牛马墙

六眼楼牛马墙围成的区域内部残留有木梯遗址，可判断：人员上下、物资补给，均是通过木梯和绳索完成的。此处牛马墙围成的空间应是六眼楼的一道防线，拱卫着六眼楼的安全，与敌台一起形成了立体的防御系统（图 3-4）。

戚继光在《纪效新书》卷十三《守哨篇第十三·牛马墙解》中，对牛马墙有详细记载："墙身每对一雉下，底开一大将军铳眼，以不能钻入人身为度。凡此墙每高三尺、平去五尺为一小铳眼，可容狼机。每眼上加一直缝，可三寸高、二寸阔，以便眼瞭，可以高下应贼。自此眼高之再三尺，又眼一层，宽狭如之。但此眼只用手铳，不用将、机等大火器。眼只一寸，眼上开长眼三寸，以便眼瞭。"戚继光注重对牛马墙的防守演练。《纪效新书》卷一三《守哨篇第十三·守城号令》着意提到，如敌人攻至牛马墙下，"城上垛夫看见墙外有贼，与几垛相对，该垛夫只高声喝云'来了!'，牛马墙内游兵就于此墙由铳眼向外瞭贼。的确相对，或在濠外，或到墙下，势小着准打铳，势大对处放大将军"。由此可见，设置牛马墙与佛郎机制式火器，在戚继光设计的城防体系中居于相当重要的地位。

戚继光把仅具防守功能的羊马墙改变成具有攻击能力的"牛马墙"，是一个创举。由于牛马墙是比长城更加单薄低矮的附属墙体，不是长城主线，又建在战争双方激烈争夺的交通冲要之处，更容易受到自然和人为的破坏，有的仅存遗迹，有的甚至连遗迹也了无踪影。板厂峪北线长城上，尚能较为完整地保存这堵牛马墙，万幸！万幸！是今天万里长城上难得一见的文物遗存。

第三节　长城暗门与夜不收

在六眼楼西侧的城墙上，还建有一座"便门"，是一个仅容单人从长城南北两侧上到城墙顶面的狭小阶梯通道（图 3-7）。与常见的关口大门不同，这种"便门"常修在战略位置重要且不易被敌人发现的隐蔽之处。它们没有专属的名称，建筑形制也常常大小高低不同，被称为"暗门"，又作"闇门"或"警门"。为什么要修建这样狭小的通道呢？我们来看看下面四则明朝文献的记载：

其一，《明世宗实录》记载，嘉靖九年（1530 年），总制陕西三边兵部尚书王琼奏报："……平虏城（今宁夏平罗县）北威镇堡、伍岔沟与沙湖、黄河相连，旧有沟渠，年久湮塞。自五岔渠西南，至贺兰山大水口并平虏城，外沟堑俱宜挑挖深阔，筑堤垒，高丈许。临山墩西有沙石处，宜修砌石墙，下置暗门，并东路五岔渠墩亦置暗门，以通哨探，沿沟每三里盖房一座，为巡军栖止之所。”

上面这段话的意思是说：平虏城的旧有沟渠年久淤塞，需要疏通和挖深挖阔，还要修一丈高的堤坝和石墙，在重要位置开暗门让哨探出入。

图 3-7　六眼楼西侧暗门上下出入口

其二，王琼还在他的《北虏事迹》中记载这样一个故事：“一日早，虏贼五骑至兴武营暗门墩下，问墩军曰：‘我是小十王、吉囊、俺答阿卜孩差来边上哨看，你墙里车牛昼夜不断做甚么？’答曰：‘总制调齐千万人马，攒运粮草勾用，要搜套打你帐房。’贼曰：‘套内多多达子有哩，打不得，打不得。’又言：‘我原是韦州人，与你换弓一张回去为信。’墩军曰：‘你是韦州人，何不投降？’贼曰：‘韦州难过，草地自在好过，我不投降。’”

这个故事发生在今盐池县兴武营一带的暗门墩下，韦州即今宁夏同心县韦州镇。这个为吉囊、俺答军作哨探的韦州人到长城暗门附近刺探军情，说明这个暗门是敌我共知的。故事是说这个韦州人认为在内地的生活不如草原，自愿到蒙地生活，这在当时的边内汉人中不是个别现象。

其三，《皇明经世文编·阳方筑城记》记载："……始嘉靖十九年（1540 年）之春三月，毕工明年之夏六月有半。计役民壮七千九百五十人，借调旁近屯丁一千八百二十人。东起阳方口，经温岭，大、小水口，神池荞麦川，迄于八角堡之野猪沟，老营堡之丫角墩，土筑惟半。余则斩山之崖为之。计长三万三千一十余丈，可百八十里。无论土石，并高二丈有奇，下广一丈五尺，上广七尺，加四尺为女骑。可骑以驰，可蔽以击。墙外壕堑深广之度，略如墙中。增敌台四十三座，暖铺五十五间，暗门五座，重楼三座，护水堤台称之。包筑流水沟洞百十二处，盖三关中路之备，壮哉盛矣。计用金五万有奇。"

上面的记载显示："增敌台四十三座，……，暗门五座，……"算起来 8~9 座敌台就会安排一处暗门。看来暗门是一个常备的建筑工事。

其四，《明穆宗实录》记载：隆庆三年（1569 年）四月己丑条载："套虏绰力兔小黄台吉等纠众沿河东岸住牧，声言欲渡河抄掠宁夏。总兵雷龙等督兵由兴武营暗门出边，至敖忽洞前袭虏营，破之，斩首一百一十二级，夺马七十六匹及夷器千余"。这说明暗门可作奇兵突袭出入之门，成为长城守军以攻为守的通道。明军凭借暗门，派兵出塞偷袭敌军，达到出其不意、攻其不备的目的。

夜不收不是明代独有的兵种，武艺高强的"特工"作为情报人员深入"虏地"，肩负着刺探情报、走回人口（抓俘虏或召回被掳走的汉人）、骚扰军营、暗杀斩首等重任。一旦得到有关军事行动的情报，便迅速传递到长城守军那里，而暗门的修建为这些情报人员提供了方便。夜不收经常乔装打扮成牧民，身穿"虏服"，口说"夷语"，带着干粮、器械，出长城数十里，甚至数百里，进入"虏营"，夜不收属于明朝的特殊兵种，因其执行特殊军务常常夜不收营而得名。在长城沿线经常见到有关设置夜不收的石刻（图 3-8），反映了他们在长城防御中的重要作用。为了预知蒙古诸部的南下动向，这些特工分工不同，称呼也不同，如：明哨、暗哨、尖夜、尖哨、家丁、通事（翻译）、夜不收等等。

图 3-8　平顶峪长城附近的夜不收石刻

暗门与长城是同时修建的，主要做军事之用，是为哨探、奇兵出入的隐蔽之门。但时间长了，知道暗门位置的人多了，暗门就成了公开的秘密，有时还成为蒙古南下犯边的便捷之道。《明实录》记载："虏由桦林儿至松树墩，登暗门，溃墙而东，寇大同左、右卫及威远、平虏（今山西平鲁凤凰城）等处，攻毁堡寨村庄五十余所，戗杀官军、男、妇三千五百余人。"又载："丁卯，套虏拥众由定边营砖井堡入寇，固原总兵郭江帅、千总李大本等兵御之。遇虏于暗门，兵败，俱死。陕西副总兵时銮引兵至瓦揸梁，为虏所执，失亡，士马几尽。"

在和平时期，暗门也成为长城内外物资交流、通贡之门。嘉靖三十年（1551年）"虏酋俺答以去岁冬，自宣府求贡，朝议不准入。春，请求益数，屡叩宣大各边陈款，其子脱脱复率十余骑诣宣府宁远堡暗门，呼通事出，攒刀为誓，求通贡市，赠通事马二匹，留真夷虎剌记等四人为质而去。"这里的暗门应该是长城内外粮食、布匹、茶叶、食盐、牛马羊等农副产品和生产生活物资交流的通道。

第四节　骑墙空心杨来楼

杨来楼原名哨兵楼，亦称西楼（图 3-9），位于六眼楼西侧。因 1947 年 6 月初，原板厂峪村农会主席杨来被国民党军队杀害于此，后为纪念烈士而得名。此敌楼设计精巧、功能完备，是戚继光将军主持蓟镇长城军务时所创造的空心骑墙

敌楼。敌楼，是城墙向外凸出，用以三面御敌的建筑，即城墙上用以御敌的楼台，亦称敌台、墙台等。从山海关到居庸关，这种空心骑墙敌楼一共修了 1017 座。

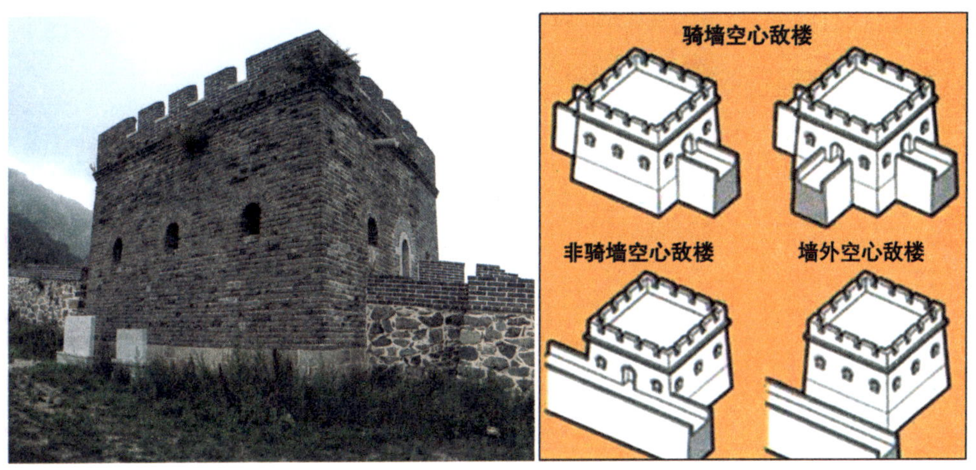

图 3-9　杨来楼（左）、敌楼与城墙位置关系示意图（右）

长城依靠城墙进行全线防御，敌楼是长城上的重点防御设施。敌楼有“实心敌台”和“空心敌台”的不同，还有“骑墙”与“非骑墙”的不同。非骑墙敌楼没有占满长城的顶面，骑墙敌楼则占满长城的顶面，二者有很大的区别（图 3-9）。

非骑墙敌楼虽然与己方便，但与敌也方便。敌人一旦攻上长城就可以任意行动，迅速集中，形成战斗力，这时再想消灭敌人就会难度增加。骑墙敌楼则占满长城的顶面，跨城墙而建。敌人一旦攻上长城，两个相邻敌楼之间，就是一个死胡同。“巷子里逮驴两头堵”，敌人只能在两个敌楼之间来回往返，而两边敌楼的侧面都设计有箭窗可以射击、消灭敌人。因此，短时间里，在没有大股敌军支援的情况下，少量的敌兵登上城楼，就意味着死亡。

空心敌楼，内部中空，四面有箭窗，守御士卒可驻守并存放粮秣和兵器。敌楼里一般都存有粮水火种，能够坚持一段时间，等待援兵。实心敌楼不中空，无箭窗，仅有登台顶的踏道，主要功能是观察瞭望，点燃烽火。独立于城墙之外的敌楼，称墩台或烽火台。墩台的建筑结构与空心敌台、实心敌台基本相同。

杨来楼就是一座典型的空心骑墙楼，分为上、中、下三层。

上层是台顶，原建有小屋，称为“楼橹”“望亭”或“铺房”，供瞭望、放哨以及躲风避雨之用。楼撸是用以瞭望、攻守的无顶盖的高台，建于地面或车、船之上。长城上的楼橹加了顶盖，四周建有女墙，也称睥睨。如果台顶没有楼橹，则成为烽火台，发现敌兵入侵，立即燃烟举火，传递报警信号。很遗憾，与修复后的六眼楼一样，在修复杨来楼时也没有重建完整的楼撸，仅保留了其墙址。

中层为券室，各券室间有券墙相隔，有相互连接的过券洞、券室、箭窗，两侧开有楼门。券室与台顶之间设有石阶或木梯。中层的主要功能是供守台兵卒生活居住和储存武器粮食之用。每台备有 8 架佛郎机（母铳）、72 门子铳、8 杆神快枪。下层是和城墙结合为一体的宽大基座，基座实心，伸出墙体之外。

空心敌台有大小之别，如六眼楼、四眼楼、三眼楼、二眼楼等。一般每个敌台容纳军士 30~50 不等，小的敌台一般可容十数人。较大的敌台多建于险要之处，最多者可容纳百人作战与休息。敌台是长城防守最小、最基本的防御作战单位。每座敌台设百总一名，台副头两名。五台设一把总，十台设一千总。

第五节　带馅儿长城

在漫长的历史岁月中，由于地震、雷电、风雨侵蚀、地面沉降等自然因素及人为破坏，导致长城的墙体和敌楼出现不同程度的剥蚀、松散和解体等损毁现象。在 1976 年唐山地震时，六眼楼的主体结构遭到严重破坏，致使南侧墙体全部坍塌，西部墙体大部分坍塌，仅余北面和部分东面墙体，以及敌楼北侧部分牛马墙墙体。而杨来楼的主体结构较完整，仅东北角部分因雷击而损坏。连接六眼楼和杨来楼之间的长城墙体几乎全部坍塌（图 3-10）。

在各级文物管理部门支持下，于 2014—2017 年对这两座敌楼进行了保护性的修复工作（图 3-11）。在去除当年地震造成长城坍塌的碎石的时候，奇迹发生了。在长城的断面上，清晰地看到一幅场景：周边是青砖包裹，里边还有一道石砌长城。也就是说，这是一道“带馅儿”的长城，馅儿是原有的一道石砌长城，皮儿是后来进行外包装的 1 米多厚的青砖，或者石墙。更让人吃惊的是，连几十枚带着火药的石雷，也成了“馅儿”，被埋进了长城之内。毫无疑义，里边的石砌长城是古老的长城，外边的青砖是后来加修的。这种砖砌长城包裹石砌长城的情形

在西线长城更为常见，反映了长城的修建是一个不断完善的过程。

在修复六眼楼时，还发现了《万历元年鼎建碑》，为推断这段长城的修建时代提供了可靠的文献资料（图 0-4）。

图 3-10　修复前的杨来楼和六眼楼

在修复施工过程中还出土了大量的军械武器及生产生活用品，如火炕、床铺和锅灶等生活遗迹，以及石炮、石雷、箭头、火铳、象棋、秤杆、省油灯、女鞋等文物，为我们推演长城的攻防体系和守城将士的戍边生活场景提供了实物证据。更重要的是，六眼楼和杨来楼的修复，是修复野长城的成功尝试，取得了较为理想的修复效果，两座敌楼之间的城墙基本恢复了当年的雄姿（图 3-4、3-7）。

图 3-11　六眼楼修复现场

第六节　板厂峪的百变女墙

女墙是什么？女墙是建筑物之上比较低矮的小墙。就长城而言，女墙是指建在城墙顶部内外沿上的挡墙。建在内沿的也称宇墙，用于防护，建在外沿的也称垛墙，用于打仗。相对而言外墙更为重要，所以女墙往往又专指外墙。

《现代汉语词典》的解释是：女墙，城墙上面呈凹凸形的矮墙。

女墙也称“女儿墙”“陴”“睥睨”（图 3-12）。

陴 pí（名）郫、埤　**睥睨** pì nì　侧目而望

形声。从阜，卑声。从阜与高下有关，与建筑有关。
本义：城上女墙，上有孔穴，可以窥外。

陴，城上女墙俾倪也。——《说文》

抚弦登陴。——南朝齐·丘迟《与陈伯之书》

守陴者皆哭。——《左传·宣公十二年》

图 3-12　女墙与睥睨

唐代诗人刘禹锡留有一首名诗——《石头城》：

山围故国周遭在，潮打空城寂寞回。

淮水东边旧时月，夜深还过女墙来。

在这首诗中的“女墙”说的就是南京石头城上的女墙。

清代陈璋《西出居庸关》诗中说：

万里女墙连雁塞，百年兵甲洗桑乾。

万里女墙是什么？毫无疑问，万里女墙就是万里长城。

走近万里长城，首先进入我们眼帘的就是那最鲜明、最美丽、凹凸起伏、连绵不断、锯齿状的女墙。过去的女墙是长城重要的防御工事，现在却成了万里长城的形象标志，并融入博大精深的中华文化之中。在古今中外的地图上，就是用女墙凹凸起伏的投影线作为图例来展示长城。在我们的人民币、邮票、勋章纪念章、警徽之上，都是用锯齿状的女墙图案来代表万里长城。在企业标识、商标上，见到女墙图案就更多了。

板厂峪长城的女墙，各式各样，有石砌女墙、砖砌女墙、单边女墙，以及罕见的双边女墙、锯齿女墙等。

一、石砌女墙

石砌女墙主要分布在南线长城、东线长城和北线长城，是明代早期直至嘉靖朝结束之前不断翻修复建的（图 3-13）。

图 3-13　北线长城的石砌女墙

二、砖砌女墙

砖砌女墙在南线长城和东线长城以外到处都可以见到。戚继光在隆庆元年（1567 年）来到蓟镇长城，重修长城，把原有的长城加宽加高，大量使用砖砌，石灰勾缝，不仅加快了修城速度，使之更为坚固，也便于实现标准化。他创建骑墙空心敌楼，注重练兵，使用热武器，更换冷兵器，使长城沿线焕然一新。

长城遇到陡坡的时候，修建方式就要发生变化，但女墙仍要保持平直。如图 3-14 所示，这种斜砌女墙的每一层长城砖都是水平的，或者外边略微高一点，这样，上山的长城才能更加稳固。修出来的女墙高低错落，每个兵士的视觉都比较开阔，自我防卫的同时，还能提醒相邻的战友。

图 3-14　陡坡上的砖砌女墙

注意看图 3-14，女墙的根基是山，高山是长城的墙体，女墙与山石紧密结合，省工省料，又格外坚固。我们常说，长城是自然环境与历史文化完美结合的典范，这就是古人藏在长城里的智慧。

三、双边女墙

在板厂峪北线长城东端海拔 661 米的制高点上，即第 230~231 号敌楼之间有一段内外两侧都修了女墙（垛墙）的长城，即罕见的“双边女墙”。这一段双边女墙保存得相当完好，远远望去，美丽而端庄（图 3-15）。

图 3-15　北线长城双边女墙

走近这段双边女墙，上面荆棘密布，杂草丛生，沧桑之感油然而生，看着两侧林立的垛口，恍惚间竟分不清长城内外了（图 3-16）。

图 3-16　北线长城顶面的双边女墙

为什么要在这里修建这种形制罕见的长城呢？要解答这个问题，我们还是需要先研究一下这里的地形特征（图 3-17）。

修建长城肯定要遵循“因地形，用险制塞”的原则。看看周围地形，就会发现这里是平顶峪关西侧的制高点，海拔 661 米，东侧和南侧都是悬崖峭壁，称为

山险墙，易守难攻，是修建长城的首选之地。

其次，万事有利就有弊，山险墙虽然易守难攻，但难攻不是不可攻。例如，凌晨傍晚之时，云遮雾挡之时，敌人还是可以乘防守者视线不好之机，秘密潜入，突然进攻的。这段山脊上的长城防守压力较大，既需要防守外侧敌兵进攻，也需要防范从山险墙出入的小股敌兵。双女墙以最小的成本克服了其不足之处。

修建双边女墙的关键在于能意识到地形地势潜在的危险，未雨绸缪，化险为夷。有时还可以欲擒故纵，放一部分敌人进来，再依靠女墙，在长城内聚而歼之。

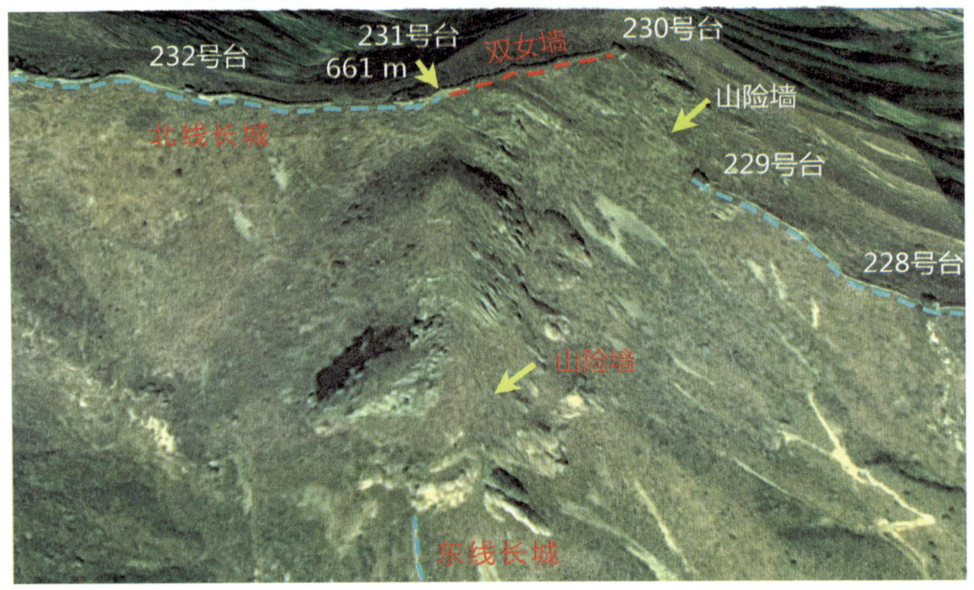

图 3-17　板厂峪北线长城双女墙地势

在板厂峪看到这么多样式的长城女墙，忽地有所感悟：女墙就是妈妈的墙、妻子的墙、姐妹的墙、女儿的墙，是守城将士们的依靠。守城将士们依偎着女墙，能够得到关心、呵护和温暖。有女墙相伴，打起仗来，守城将士们就像保护自己的母亲、妻子、姐妹、女儿一样，以一当十，以一当百，神勇如得天助。

板厂峪重要的地理位置和险峻的地形特征，系统、完美地展示了长城“因地形，用险制塞”的修建原则，是明长城的精华地段，成为一部内容丰富的“万里长城百科全书”。

第四章　西北角长城——悬崖绝壁上的险城奇楼

清平乐·西北角长城

长城倒挂，
悬亿年火山。
石林屏峰落襟前[1]，
双峰缥缈云汉[2]。

陡崖峭壁巉岩，
手脚并用攀缘。
南塘旧事狼烟[3]，
回首惊涛拍岸。

板厂峪西北方耸立着巍峨的礓沟砬子山。何为礓沟？礓，指不规则的石块、乱石堆满山沟为礓沟。何为砬子？砬子是陡崖峭壁，直上直下，惊险震撼。这是一座由火山岩形成的大山，最高峰高达 851 米，海拔 700 米以上的山峰就有 7 个，真是名副其实的“礓沟砬子山”。在诸峰柱石拥簇下，从东边号称“京东第一楼”的 247 号敌楼——母亲楼开始，至礓沟砬子山南端的 258 号敌楼为止，长约 4.5 千米的西北角长城在山峰峡谷之间大起大落，宛若巨龙经天，12 座敌楼雄踞峰顶，构成了一座座险城奇楼，岌岌峣峣，令人叹为观止（图 4-1）。

1石林和屏峰：形容火山岩体的形态如柱状石林或板状屏风。
2双峰：板厂峪最高峰母亲山由两座相连山峰组成。
3南塘：明朝名将戚继光，字元敬，号南塘。

图 4-1　远眺西北角长城

第一节　母亲楼和母亲山

板厂峪的村民对自己赖以生存的山山水水，对融入祖祖辈辈血汗汁液的长城上下，有一种发自骨子里的热爱。他们把海拔 851 米的双峰山称为母亲山，在母亲山上修建的敌楼称为母亲楼（图 4-2）。因其较大的海拔高度，这座敌楼也被称为京东第一楼。西北角长城所雄踞的险峻高山由火山喷发的岩浆凝固而成，大自然的鬼斧神工和长城的雄浑气势，让板厂峪人心怀敬意，养成了保家卫国的情怀和善良宽厚的民风。漫山遍野的森林荫庇着板厂峪村，涓涓细流滋润着板厂峪人身心健康，茁壮成长，万寿无疆；先辈们的长城精神激励着板厂峪人志坚有为，敢闯敢做，勇毅刚强，豁达担当。

图 4-2　远眺母亲楼与母亲山

母亲楼周围视野开阔，站在这里登高望远，一览众山小（图 4-3）。向南望去，山海关、秦皇岛港、北戴河，尽收眼底，一览无遗。母亲楼身高体大，是指挥作战的地方。楼里有五个大小不一样的隔间，北侧三个，南侧两个，中间还有一个厅。可以较多人一起议事，也可以容纳五六十人在此休息。看这里的窗户，墙壁厚度达到一米三四，可以有效地防止敌人炮火伤损。由于地势较高，这里也就成为点燃烽火，向更远的地方发布信息的枢纽要地。

图 4-3　航拍京东第一楼——母亲楼（赵琛摄）

第二节　石林长城

母亲山悬崖峭壁，怪石林立，母亲楼坐落在火山石林之巅（图 4-3）。

问题来了，火山石林是什么？火山石林怎么形成的呢？

在中生代（距今 2.5 亿~0.65 亿年）的时候，有一个侏罗纪（距今 2.0 亿~1.35 亿年）。那时候，我们这一带发生了非常强烈的岩浆活动。地下深部，大约是在地下几十千米到 200 多千米的地方，叫作软流圈，也叫岩浆库，那里有承受着高温高压的岩浆。只要上边出现一个裂隙，岩浆就要沿着裂隙往上运移。在上升运行的过程之中，这支岩浆大军有两种前途：

一种是走着走着没路了，左突右撞、上下求索，也找不到出口，浩浩荡荡的一个庞大的岩浆团，就窝在地下慢慢地冷却结晶，成为岩石，比如说成为花岗岩、闪长岩等。由于它侵入了别人的地方，这种岩石就叫作侵入岩。这些侵入岩还可以被之后的地壳运动抬升起来，暴露地表，形成高山，例如：庐山、黄山、华山等，还有我们秦皇岛的都山、祖山、天马山、碣石山和长寿山等。

另一种前途是它终于找到了一个出口，喷出地表，迅速冷凝，来不及从容地结晶，就形成各种的火山岩，例如玄武岩、安山岩和流纹岩等等。火山岩形成各式各样的火山地貌。在柳江盆地，分布有很大面积的火山岩，比如大洼山、傍水崖、老君顶、义院口、板厂峪等。其中，以板厂峪的火山岩最为典型，分布着众多古火山口、古火山锥等各类火山岩地貌景观，明长城据险而建，或在高低起伏的山脊之上蜿蜒盘旋，或于危岩绝壁的峰峦之巅傲然耸立，可统称为火山长城。

图 4-4　西北角长城 256 号敌楼附近的火山石林

母亲山的石林形成于火山口内，是即将喷出地表又最终没能喷出火山口的岩浆，冷凝而成的次火山岩。自然界有一条原理，叫作热胀冷缩，岩浆冷凝的时候，会大幅度地缩小体积。巨大的岩石块体怎样缩小体积呢？自然界很聪明，会在岩浆内部形成许多垂直的裂隙，地质学称为垂直节理，以实现它缩小体积的目的（图

4-4）。后来的地壳运动把这些凝结在地下的、具有垂直裂隙的火山岩抬升，暴露地表，裂隙部位更容易遭受风化剥蚀，久而久之，就形成了石柱林立的火山石林。火山石林，石林簇拥，柱体分明，让人惊叹大自然的鬼斧神工。火山石林上面修建的长城，可称为石林长城。

第三节　屏峰长城

登上板厂峪长城，常常会发现一种奇特的地形：像屏风，也像一堵影壁墙，长度二三十米、三五十米不等，高度约一二十米，薄薄的，顶部只有二三米宽，底部略为更宽一点，一般也就是十米左右（图 4-5）。这些“屏风”常常密集出现，有时贴得紧紧的，像千层饼一样；有时稍微松散一点，前排和后排之间留出一点距离，像小区里的楼群一样。我们给这种奇特的地形起了个名字，叫作屏峰山。我们没有直接用“屏风”两字，是想说清楚屏峰与屏风有相似之处，又大不相同。屏峰是野外的一种地貌形态，表示山体或巨大的薄层岩体像屏风一样排列；而屏风是室内的一种起着分隔、挡风、装饰作用的家具。屏峰不失刚强勇武，屏风却尽显委婉美柔。思来想去，还是觉得用屏峰山更为贴切一些。

图 4-5　西北角长城沿线的屏峰山

屏峰山属于火山地貌类型。先期喷出的岩浆，在地表形成火山锥；后期从地下深处而来的高温高压岩浆，经过一系列通道、裂隙的导引，沿途击碎冲破许多岩石构成的屏障，就冲着地表向上运移了。这些岩浆还在地下深层的时候，对地表的影响并不大。随着这些岩浆的不断向上喷涌，上层岩石压力也随之逐渐减轻。这时，岩浆中许多挥发物质和气体不断逸出，地下岩浆的体积不断增大，就会使地表产生隆起。在形成隆起的时候，最容易形成的一种破坏作用就是形成一些裂缝，而且这种裂缝最常见的就是有一个大致方向的、密集成组的裂隙。当这些裂隙形成之后，地底下的岩浆，除了从主火山口喷涌之外，也从主火山口旁边的裂隙往上移动。进入裂隙的岩浆，总体容量不大，岩浆冷凝的速度就特别快，甚至还没有冲出地表就已经冷凝成为薄薄的岩石了。地质学把这些在火山岩裂隙中所形成的，即将喷出地表却没有喷出地表的墙状火山岩叫作次火山岩。次火山岩形成的时候，周边的岩石受到冲击而破碎崩解，风化剥蚀，久而久之，使次火山岩暴露地表（图 4-5）。我们就把这样的一种薄薄的，低低的、短短的、墙状的次火山岩，称为屏峰山。

图 4-6　西北角的单边长城

作为一座山而言，屏峰山一点都不高大，但它们被我们的先人发现之后，用来作长城的墙体，那可是太合适不过了。我们的先人在屏峰山顶的一侧，修一道高 2 米左右的女墙，内墙不用修，这种墙，也被称为单边女墙（图 4-6）。

第四节　倒挂长城

到板厂峪就一定要去走一次倒挂长城，不去太遗憾，去了真流汗。什么是倒挂长城？崖峭壁陡，山高谷深，长城沿山崖而下，如一条巨龙，龙尾摆动旋转，卷住山头，从山顶呼啸而下——此谓倒挂长城（图 4-7）。

图 4-7　板厂峪倒挂长城（图片来自网络）

修建倒挂长城的山坡能有多陡呢？查了一下网上对倒挂长城的描述，有说是垂直上下，有说是 70° 以上。本书的编者是一群地质工作者，凡事爱较真，用罗盘分段测量一下，数据出来了，让人很泄气，基本都在 46°~55° 之间，个别地段能够达到 60°~70° 。查了一下山地资源调查方面的规范（表 4-1），才知道山的坡度分为 7 级，倒挂长城就修在最高级别的险坡之上。

表 4-1 坡度分级表

级别	坡度（°）	名称	级别	坡度（°）	名称
1 级	0~5	平坡	5 级	36~40	急陡坡
2 级	6~15	缓坡	6 级	41~45	急坡
3 级	16~25	斜坡	7 级	>46	险坡
4 级	26~35	陡坡			

那么，长城又是怎样挂在这些陡坡之上的呢？它是用青砖垒砌，用石灰把青砖与山崖的岩石黏合起来。村民告诉我们，因为石灰里掺了糯米浆，甚至鸡蛋清，长城才这么坚固，但我们觉得这个说法并不可信。最近看到一些论文，说修长城的石灰里的确是掺了糯米浆的，还有化学分析的证明。尽管言之凿凿，我还是将信将疑。但不论它是否掺了糯米浆，实实在在地让长城挺立了几百年，这是千真万确的事实，让人不得不服。

长城爬坡，从底下起步。贴近岩石坡面，一层层平摞，石灰黏结，外侧微微翘起。由于坡很陡，又很长，远远望去，这段倒挂长城的女墙就像锯齿狼牙状，看着除了震撼，还是震撼，这应该算是整个万里长城中最险要的一段了（图 4-7）。

万里长城被称为古代“世界七大建筑奇迹”之一，“长城倒挂”就是奇迹中的奇迹。若在雨中，还可看到崖壁飞瀑如“跳珠喷雾”的胜景。“长城倒挂”的景色也因此更显得奇特与险峻、雄伟与壮观，与起伏的山峦交相辉映，就构成了独特的长城风光和诗情画意，成为万里长城风光中的一绝。

据碑刻和史料记载，在万历元年（1573 年），戚继光视察板厂峪在隆庆年间

修成的北线长城时，对西北角长城作了认真的规划和设计。但直到万历十八年（1590 年），包括倒挂长城在内的西北角长城才终于创修完工。可那时候，戚继光已经卸任蓟镇总兵官七年，逝世二年了。板厂峪的西北角长城完整地体现了戚继光的长城建设思想，并严格地执行了他制定的长城建筑工艺规范。至此，圆满地实现了明朝初年就想在此处修建长城的梦想，也形成了板厂峪环形长城布局结构，与西线长城一起，组成了“旗帜长城”。也是从此往后，南线和东线的老边长城完成了自己的防御使命，成为一道壮丽的历史遗存风景线。

历史的车轮一年一年地转，到了 400 多年后的今天，这段长城很多地方的墙体、女墙、铺地砖和敌楼依然非常坚固，完好如初。看着古人修筑长城的质量如此之高，怎能不让现代那些“豆腐渣”工程的修建者们汗颜啊？

第五节　古老的“女儿城”遗址

在板厂峪西北角长城的东南侧山麓上，有一处呈月牙状的已倒塌的毛石干砌的石墙，与山脊的西北角长城和悬崖一起，围成了一个近似封闭的小城，因其墙矮面积小，当地村民称为“女儿城”（图 4-8）。

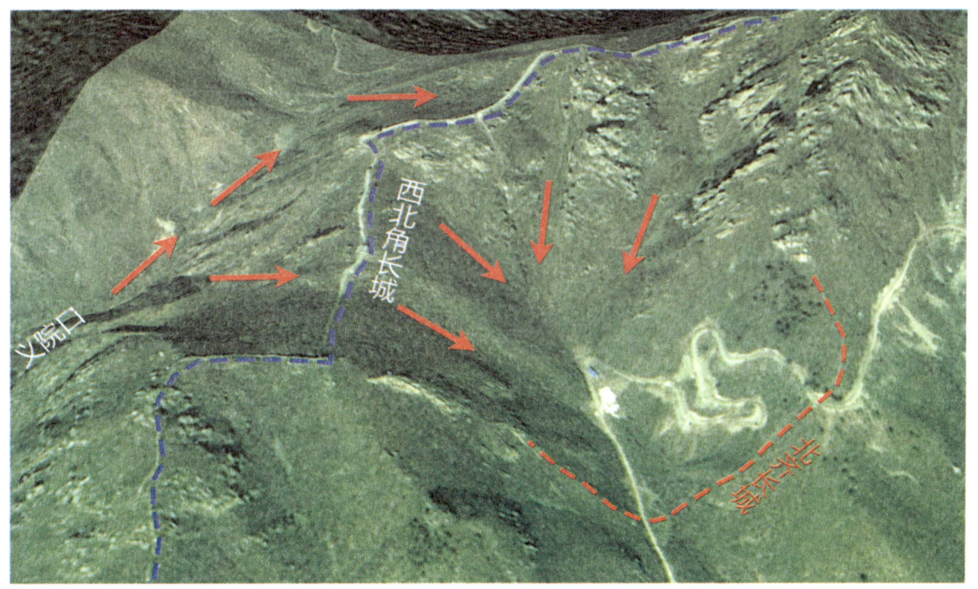

图 4-8　西北角长城“女儿城”攻防示意图

看到这段废弃石墙，我们不禁要问：这是谁在哪个朝代修建的？由于没有在这段石墙上看到石灰黏结的痕迹，可以确定是由毛石干砌而成的，经过沧桑历史的洗礼，它们已经坍塌成一条石陇了，完全看不出原先的形制特征（图 4-9）。如前面第二章第二节部分所述，多数学者根据砌墙技术推测这段石墙与郭达安长城一样，都是在明朝之前的北齐修建的，称其为“北齐长城”。

图 4-9　西北角长城“女儿城”遗址

那为什么要修这段长城呢？从地形上看，这段长城与两端的悬崖一起，完整地封闭了礓沟砬子山拐弯处的山谷。与两侧相比，这个山谷处的地势相对平缓，而翻过山脊，就是一条直通西南义院口的平缓山谷。当北方骑兵进攻义院口受阻后，这里应是他们分兵绕道攻打板厂峪的便利通道（图 4-8）。在没有条件直接把长城修于山脊之上时，在半山腰筑墙拦截也不失为明智之举。当西北角长城修完之后，这段干砌石墙也终于完成了历史使命，任凭它衰败如斯了。

第五章　西线长城——旌旗猎猎窟窿边

八声甘州·西线长城

看南线蜿蜒起烽火，残楼傲西风。
忆旌旗高挂，金镝长鸣，刀枪铿铿[1]。
窟窿边墙鏖战，运筹斗兵锋。
硝烟凝聚处，火铳声声。

也曾军旅戍边，凭胆识书卷，纵横驰骋[2]。
比报国精忠，身同情炽盛。
惜戚帅军士沥血，怎抵那，故土一飘篷[3]。
转瞬过，长城内外，隆亩躬耕[4]。

在板厂峪礓沟砬子山之南，一道绵延起伏的山梁直通西南方的义院口，但地势却变得平缓起来，海拔由500多米断崖式降到400米左右。这道山梁西侧是平坦的义院口盆地，东侧是狭长的板厂峪西沟，在山脊上踞险而建的正是板厂峪西线长城（图5-1）。这段长城北起实心敌楼——烽火台，南至义院口关东侧的平顶楼，长度约4千米，当地村民也称其为“窟窿边”。不管春夏秋冬，这里的山顶上常是大风呼啸，云雾缭绕，蜿蜒其上的长城若隐若现，犹如一条腾云驾雾的巨龙，诉说着先辈们守护长城保家卫国的往事。

1长城上每座敌楼的楼橹上都高挂战旗。
2本书编者张鹤云曾有多年军旅生涯。
3戚帅：戚继光。
4隆亩躬耕：引自《三国演义》诸葛亮躬耕隆亩，喻中华民族人才济济，英雄辈出。

图 5-1　云海中的西线长城

第一节　悠悠历史窟窿边

明史记载，洪武十四年，徐达主持修建了永平、界岭等三十二关。史书上虽未详细记录各个关口的名称，但地理位置十分重要的板厂峪关、长谷口关和义院口关肯定在这三十二关之列（图 5-2）。

图 5-2　西线长城暗门对义院口关的支援路线

从地形上看，大石河的北支流从义院口切开了燕山山脉，是外敌入侵时的必经之路，扼守河谷的义院口关是明代蓟镇石门路的北大门，自然也成为经常发生战事的古战场，踞险而建的板厂峪西线长城就成了义院口关的东防线（图 5-2）。为了增强长城防御力量的东西联动，明长城建设者特意将义院口关的位置尽量南移，把关北两山之间的古战场设在板厂峪西线长城的眼皮底下。西线长城的守军居高临下，敌军的一举一动尽收眼底，尽在自己火炮、铁铳的射程之内，威慑着侵犯义院口的敌军。

图 5-3　被称为“正门口”或“窟窿”的西线长城暗门

为了更好地支援义院口的防御，还在西线长城中间位置的垭口处修建了一个暗门（图 5-3）。与北线六眼楼处的暗门不同，这个暗门为砖砌拱门，高约 2 米、宽约 1.2 米，可以骑马通过。因外形犹如长城上的一个窟窿，这个暗门也俗称为“窟窿”，这段长城就称为“窟窿边长城”。当地村民也把这里叫“正门口”，把两侧的山谷称为“正门沟”，其东端直达板厂峪西沟堡，西端直通义院口关外围。一旦战事需要，就可以从板厂峪经此暗门出骑兵，迅速攻击敌军的侧翼，形成包抄合围之势（图 5-2）。

踞险而建，敌楼密集，是远观窟窿边长城的第一印象。本段长城所在的山梁西侧坡陡，东侧坡缓，树木茂密，河流淙淙。尽管整体地势不如西北角长城险要，但这里每一处城墙的选址和每一座敌楼的修建，都将有利地形发挥到了极致，它们或雄踞山巅，或扼守峡谷，或直接将奇石山险化作防线（图 5-4、图 5-5）。

图 5-4　窟窿边长城的北起点——烽火台

图 5-5　雄踞山巅的敌楼

断壁残垣，斑驳墙面，是近看窟窿边长城的最深感触。虽然这里早已不是那个惨烈搏杀的战场，漫山遍野的花草树木也生机勃勃，但远远抵不过这些残垣断壁带给我们的沧桑之感，不由自主地想去触摸它的悠悠历史（图 5-6、图 5-7）。

图 5-6　窟窿边长城上随处可见的残垣断壁

图 5-7　正午阳光照进敌楼

如前面的南线长城部分所述，明朝初期迫于社会经济等条件的限制，苦心孤诣地修筑了一道并不完美的石砌长城防线，即现在的西线长城经 268 号敌楼向东，然后再由半壁山西侧蜿蜒向北至231号敌楼所在的悬崖之下。但与南线和东线长城在明朝中后期被逐渐废弃的命运不同，窟窿边长城一直被沿用至明朝灭亡，是板厂峪旗形长城中演变历史最为复杂的一段。

随着社会经济的发展和军事防御的需要，明朝对早期修建的长城防线进行了不断的优化，或略加修缮，或原址重建，或改线新建，直至建成像窟窿边长城这样，所有敌楼和大部分墙体都进行更新，成为纯砖结构的一等或二等边墙，极大地提高了长城的防御能力。

如图5-8所示，268号敌楼位于窟窿边长城与南线长城交叉点，是戚继光创造的骑墙空心敌楼。台基为花岗岩条石垒砌，上砌青砖楼体，通高达8米，台基长9.8米，宽9.4米。其下层为实心底座，中层为“回”字形空心廊道，南北向为3车棚券室，东西向为2拱券通道，四周设有箭窗和券门，上层楼橹已毁。中部券室还建有通向顶层的矩形天窗。木梯是敌楼中层通往顶层楼橹的常用方式之一，另一种方式是在敌楼边部用青砖或条石建造蹬阶梯道（图5-9）。

图5-8　268号敌楼

图 5-9　空心敌楼中层通往顶层的两种方式：木梯+天窗、蹬阶梯道

窟窿边长城的砖砌外墙倒塌后，裸露出前期石砌墙面，这是我们曾经说过的“带馅长城”。馅儿是早期的石砌墙，皮儿是晚期的砖砌墙（图 5-10）。

图 5-10　窟窿边长城的砖砌外墙与前期石砌墙面

坚固如窟窿边长城的一等边墙，经受了多次战争的洗礼和长期的自然界风雨侵蚀后，大都已变得裂隙纵横，残破坍塌了。随处可见的断壁残垣的苍凉悲壮之感袭击着过往的每一个人，无声地记录着那段沧桑的历史，令人不胜唏嘘。在窟窿边长城的中段，部分城墙的外层砖墙已经坍塌，露出了整齐的石砌墙面，即前面所说的“带馅长城”（图 5-11）。这段石砌内层墙面与现在的南线和东线长城一致，说明这一段长城是在早期石砌长城的基础上改造而成的。

图 5-11　多层箭窗与碑刻残座

仔细观察这里敌楼的箭窗，发现它们是由两道砖砌墙壁组成的，内外墙壁的箭窗位置还有不一致的现象（图 5-11），可惜镶嵌在墙上记录敌楼修建的石碑已不知去向，我们只能根据内墙的外表面也是完美砖砌石灰勾缝的特征，认为外层墙壁是修复时在外面直接包了一层，虽然费砖石材料，但省工省力，厚重稳固，提高了防御能力。至于内外两层的箭窗位置为何不同，详细的对比研究固然很重

要，但更重要的是充分发挥我们的想象力，好好地琢磨。

虽然没有文字信息供我们考证，但可以想象，对长城城墙和敌楼形制的修改都是为了满足现实的防御需要。如图 5-12 所示，这个敌楼的箭窗下方横着的石板上已不设置固定弓箭的圆孔，可见修缮这座敌楼时，已很少或已不使用弓箭，而普遍使用火器了，比如火铳、佛郎机，甚至在合适的地方，还会配置红夷大炮（亦称大将军），使得长城的防御能力更加强大。

图 5-12　部分箭窗的弓座石上已不设固定弓座的圆孔

第二节　烽火硝烟窟窿边

因为重要的地理位置，义院口关一直是北方骑兵的主要攻击目标，这里的战事也多见于史书之中。如《永平府志》记载，弘治十八年至万历元年（1505—1573年）的 60 多年间，蒙古骑兵曾 5 次侵犯义院口。《卢龙塞略》记载："万历元年丁丑，又三百余骑至长谷口迤北窟窿台边外，战十余阵乃去。"也就是说，单单 1573 年这一仗，敌我双方就数百上千人参战，经历十余阵，其惨烈情况可想而知。因此，这一仗也被收录至《明实录·神宗实录》中：万历元年"六七月间，客兵方撤未集，虏乘间侵犯义院口、窟窿台、大毛山、小河口诸处，在边官兵奋勇拒堵，竟使一骑不得近边"。由此可见，义院口与窟窿边长城上经常烽火升起，硝

烟弥漫，承受着巨大的防守压力。

为了抵御敌军的侵犯，明长城守军不仅修筑了坚固的义院口关城，更是在蜿蜒4千米的窟窿边长城上，密集修建了25座敌楼和两座烽火台及数个墙台，平均不到200米就有一座楼台，甚至有一连4座敌楼的间距只有五六十米（图5-13）。密集的敌楼彰显着窟窿边长城的重要地位。

图5-13　窟窿边密集的敌楼

实心楼是一座石砌烽火台，是板厂峪长城的地标性建筑之一。位于窟窿边的最北端，台顶四面砌有女墙，白灰勾缝，长12米、宽11米、高约9米，它的周围两三丈外还残存有墙垣，高1米多（图5-14）。烽火台处于西线长城与南线长城的交汇点上，北靠险峻的礓沟砬子山南端悬崖，易守难攻。西南东三面的视线开阔：向西望去，极远处是高大的祖山，义院口至拿子峪的长城敌楼，一览无余；向东看去，板厂峪南线长城的长谷口内外，以及通往平顶峪的板厂峪东线长城和北线长城，清晰可见；向南望去，窟窿边长城蜿蜒起伏于分水岭之上，东西两侧分别是板厂峪西沟和义院口盆地。观此情景，正是：

分水一线窟窿边，煞气罡风掠云端。

夕阳金色染东岭，朝晖霞光洒西山。

图 5-14　石砌烽火台

窟窿边长城所在的山梁西侧本就较为陡峭，但为进一步增加敌人进攻的难度，在外侧略缓的山坡上，大规模铲削山体，制造人为陡坡，还在陡坡上又修筑了多段长达几十米的石砌偏坡墙，并使用石灰勾缝，其坚固程度犹如明早期的石砌城墙，成为保护长城的一道前沿防线（图 5-15）。

图 5-15　窟窿边外的偏坡

从窟窿边长城的暗门向北，走过一个全部倒塌的敌楼和一个墙台，就到了暗门北侧的至高点上，这里矗立着一座“旗楼”（图 5-16）。

图 5-16　雄踞暗门北侧至高点的旗楼

图 5-17 的这个敌楼的顶部铺房、南墙中部已经坍塌，但北侧和西侧墙壁仍在。敌楼顶部的东北角，有一个用岩石制作的大旗的旗座，旗座的底部卧在二楼与三楼之间的拱券里，上窄下宽，呈梯形体状，顶面 40 多厘米，下部 50 多厘米，高度 35 厘米，中间的杆孔直径为 20 厘米。想当年，旗座上矗立着粗大的旗杆，上悬庄严的军旗，劲风吹起，旌旗猎猎，多么令人震撼啊！军旗，稳定军心，鼓舞士气，人在楼在军旗在，誓与楼旗共存亡。这座敌楼告诉我们，窟窿边雄风犹在，展示着长城守军敢打必胜的威武风采。难怪隆庆五年（1571 年）秋，蓟镇长城修筑完毕，戚继光向朝廷奏报“台功成，精壮雄坚，二千里声势相连”。

旗楼的位置有两个特点：一是临近暗门，离义院口、板厂峪都不远；二是位置高，在暗门的北侧至高点上，站在敌楼顶层，可将西侧直通义院口的山谷一览无余，是敌人攻击的重点（图 5-18）。

图 5-17　旗楼及石制旗座

图 5-18　站在旗楼上将通往义院口方向的山谷一览无余

在旗楼中层南墙的拐角处，有两根起支撑作用的木柱（图 5-19），直径约 15 厘米，黑褐色，纹理粗糙，经过五六百年的沧桑岁月，仍铁骨铮铮，顽强挺立，是长城修筑中一个难得的见证。这座旗楼是砖木结构，与纯砖结构的敌楼不同，纯砖结构的优点是坚固，但内部空间较小，而砖木结构敌楼结构相对简单，内部空间相对较大，因此，可以驻守更多兵员。

图 5-19　旗楼里保存的木柱说明它是砖木结构空心敌楼

第三节　英魂萦绕窟窿边

据板厂峪村人留传下来的说法，他们的先人就是窟窿边长城、敌楼、烽火台的守卫者，他们有一个特殊的名称——楼台军。这些楼台军们可以带家属、夫妻一起成楼守边，在敌楼旁开荒种粮种菜，在这里写下了一段段富有人情味的传奇故事。时间久了，这些敌楼通常就以他们的姓氏命名了，形成了延续至今的许家楼、陈家楼和王家楼等具有家族色彩的敌楼名称。

从窟窿边长城北端的烽火台往南走，过了 268 号敌楼，就到了许家楼。许家楼北侧的城墙上有一座坟头，只有一两尺高，用砖石垒了一个四方的坟座，上面是黑色的土壤（图 5-20）。这一抔薄土，几块青砖，纪念的是许家先人的一缕英

魂。当年修长城的时候，总是干超重的体力活儿，累伤了五脏，经常有人累到吐血，甚至死亡。许家的这位先人因修墙累死，就地填埋在城墙里。到清朝不再守楼的时候，在这里垒起了一个坟头，用以纪念这位先人。

图 5-20　许家楼城墙上的坟茔

从许家楼往南，走到窟窿边长城靠中间的位置上，有一座陈家楼，三券三道式敌楼。人们知道，陈家楼东北角不到 20 米的山林里，还有七代陈家人的坟茔。直到 21 世纪初，这里还有 30 多个坟头，还有不少石碑，刻记着去世者的姓名和籍贯。时光流逝，石碑已不知去向，坟与山融为一体。深冬季节，我们考察来到这里，树木林立，荒草萋萋，高山雪皑皑，树木萧瑟瑟，黑土底下埋藏着陈家先人们的英魂。我们敬立坟前，向戍守边关的先辈们致敬，呼啸的狂风中仿佛还能听到守城将士的冲杀声。

《永平府志》在介绍蓟镇长城戍边人时，用了这样一句话："他们求生，但他们不惧死！"板厂峪村的长城保护员许长福对我们说："敌人来，也不让他好来好走。来了就跟他干，干就干死他！"几百年过去，那份保家卫国的英勇顽强、视死如归的长城精神，依旧在板厂峪代代传承。

第四节 寄情美好窟窿边

在窟窿边长城的南部，一个敌楼的券门石柱上，刻着花朵云霞的浮雕，当地人称为“媳妇楼”（图 5-21）。长城沿线有许多媳妇楼，极富女性色彩：拱形的石券门上刻有图案，有的是一朵朵祥云，有的是狮子滚绣球，还有象征夫妻恩爱的“缠枝莲”……人们为什么把这种石券门上有花朵的敌楼称为媳妇楼呢？

一种说法是：长城修好后，敌楼由各家各户守卫，军人们也就携妻带子在敌楼里安下家来，这些敌楼多以当年戍边将士的姓氏命名，于是也就有了陈家楼、许家楼、张家楼等，一座敌楼就是一个温暖的小家，家里的女主人们就凭着爱美的天性打扮了自己居住的“家”。因此，敌楼也就有了各种美丽的图案。

另一种说法是：当年修建长城的设计者们，深刻地理解了修建长城的目的就是守护和平安定的生活环境。只有一个爱好和平、实在不想打仗的民族才能修建长城。冷兵器时代，长城是刀枪剑戟、战车战马不可逾越的一道防线。长城的存在，极大地减少了互相间的摩擦，也使敌人不敢轻举妄动，不敢轻易发动战争。长城上象征夫妻恩爱的瓶中插花、象征和平幸福的莲花云霞等浮雕，正是这种深层次的长城文化的艺术表现，给冰冷而坚硬的长城增添了一丝柔软与温情，给枯燥单调的守城生活注入了一份美好希望。

图 5-21 媳妇楼的雕刻花纹

当年的工匠，将象征和平恩爱的图案雕刻在敌楼的石券门外，也是一种文化。分配驻守的敌楼时，也许是故意把这些带有花朵图案的敌楼分配给了家庭户住守。媳妇楼的石券门的左侧，有个六道轮图案，而在它对面的图案却是五道轮（图 5-21）。我们多方求教，有的说，六道轮与早期萨满教有关；有的说，五道轮，是佛教轮回的象征，等等。不管怎样，都是与佛教道教有关系，都是在告诉人们生得其生，死得其死，追求道义，为国为民。

图 5-22　北线长城 243 号敌楼石拱券门上精美的雕刻花纹

就在这座媳妇楼的北边不远处，在城墙的外侧，有一片土地，约两亩，长有许多花木，其中，好些花都不是本地的山中野花，而是来自南方的家养之花。这是怎么回事呢？可能就是当年的戍边人，或者是戍边人妻子的精心之作吧！金戈铁马，鼓角争鸣，栉风沐雨，秋月长风，当年的戍边人该有着什么样的情怀，来开辟打理这座花园，装点打扮自己的家园呢！

在许家楼附近，还有一个捣米用的石臼和一个石碾子（图 5-23）。当年的长城戍边人以长城敌楼为家，在长城附近开荒种粮。和平年代生活得也是其乐融融。几百年沧桑岁月过去，当年守城人的生活痕迹慢慢地烟消云散了，我们只能凭借这些遗物去想象当年的金戈铁马岁月了。

图 5-23　窟窿边长城旁散落的捣米石臼和磨面石碾

2010 年，一位叫张帆的作者发表了一篇文章，谈到了在窟窿边一座楼橹的角上，有一块陶质脊吻，长宽都 35 厘米、厚 12 厘米，从上往下看是钟馗面，从下往上看是雷公脸，二者共用一双眼睛，钟馗的虬髯、鼻梁和巾冠，幻化为雷公的毛发、额头和胡须。一个是豹头环眼凶神恶煞相，一个是毛猴子脸滑稽样儿，糅为一体，惟妙惟肖，鬼斧神工。从精神层面来看，在中国传统文化里，钟馗驱逐鬼魅、保佑平安；雷公擂天鼓，打天雷，避邪镇恶。钟馗和雷公相结合，天空清澈，大地肃静，稳我军心，撼敌魂魄。将中华民族传统文化寓意于人们身边，给人暗示和启迪，这是我们的传统做法，这就是中华文化的博大精深，我们对当年长城人的细心和精心感到钦佩。

荒草萋萋，西风萧萧，难忘的是为了民族而英勇奋战的身影，是为了平安生活孜孜以求的真诚信仰。硝烟散去，楼破垣残，但那狂放的大风，仿佛还在诉说着久远的故事，还在传递着“人在楼在，楼在国在”的铿锵誓言。悠悠岁月湮没了黄尘古道，荒芜了烽火边城。但是，万里长城永不倒，保家卫国的故事也将永远流传……

第六章　板厂峪长城修建史

板厂峪长城军事防御工程，不是一个时期、一个人所为，而是经过若干个建设阶段而渐次齐备，逐渐完成的，是随着不同时期政治、军事形势的发展日臻完善。经过对板厂峪 18 千米长城多次现场考察勘测及大量的文献查阅和碑刻对比研究，我们基本厘清了板厂峪长城修建的历史阶段。根据其形制特征可分为五种类型（图 6-1）：前明期石块干砌式、明早期石灰勾缝石砌式、明中后期砖筑敌楼石砌墙式、明后期砖筑式、明末期砖筑石筑混合式。而根据修建的先后顺序，还可将板厂峪长城的修建历史细分为七个阶段：

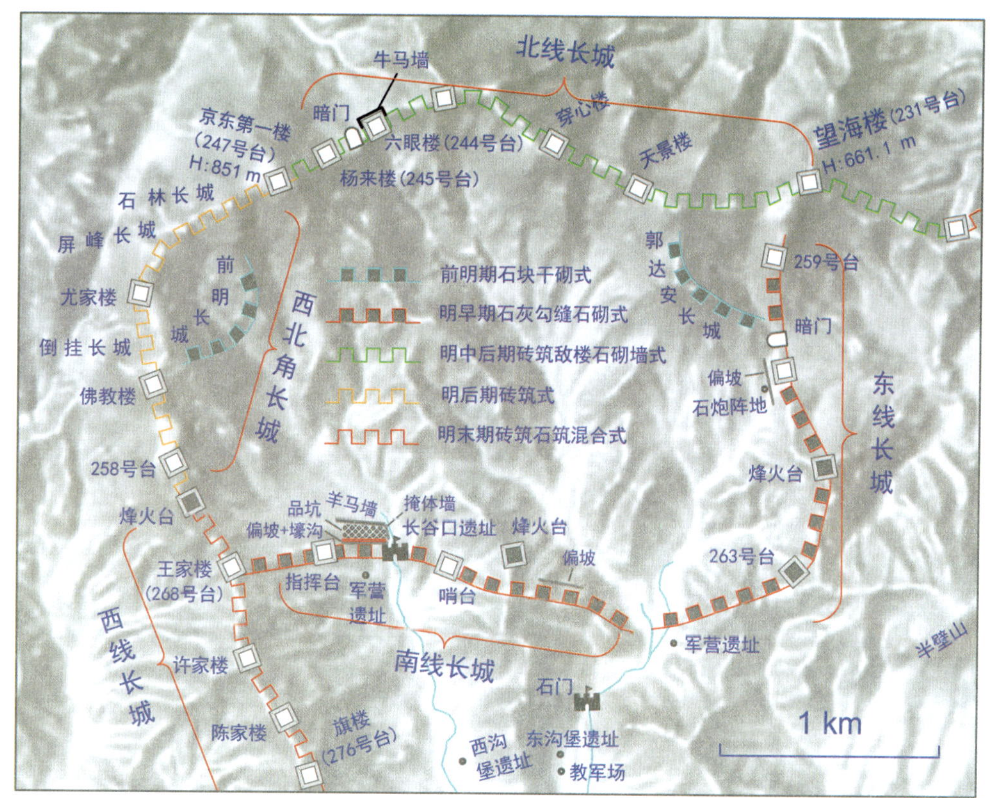

图 6-1　板厂峪环形长城修建期次及形制分布图

第一阶段，前明长城，即明代之前留下的长城，为石块干砌形制，没有石灰勾缝。今日之西线长城、南线长城、东线长城、北线长城叠压其上，是明代修建板厂峪长城的基础。如今在板厂峪，京东第一楼半山的女儿城、东线的郭达安长城，即属于前明长城。前明长城，学术界有北齐长城、北周长城、隋代长城，甚至燕秦长城之说。如果是北齐长城的话，距今就是 1500 年，如果是燕秦长城的话，那就有 2000 多年的历史了。

第二阶段，明代早期长城。洪武十四年（1381 年）修建，属石块垒砌，石灰勾缝形制。徐达奉旨“发燕山等卫屯兵万五千一百人，修永平、界岭等三十二关”。明朝初建，国库无钱，因陋就简，整修先朝留下的古老长城，是徐达无可奈何的必选之策。被当地村民称为“老边”的南线、东线石砌长城，西线、北线“带馅长城”中的“馅儿”就是第二阶段的作品。

第三阶段，明代弘治至嘉靖时期（1488—1566 年），属石块垒砌，石灰勾缝形制。《明史》记载，弘治十四年（1501 年），蓟镇总兵洪钟在永平、山海重修了 300 里长城和堡城，板厂峪关应在其内。自嘉靖一朝，一直在修边墙，而未建墩台。板厂峪南线长城上发现一块石刻，上面刻写着这段长城修建的长度、时间及责任人等信息，相当于一张责任状。

第四阶段，隆庆年间。隆庆元年（1567 年），戚继光在东南沿海抗击倭寇取得胜利之后，奉调北上，后担任蓟镇总兵。他给板厂峪原有的西线长城、东线长城和北线长城作了一次“装修”，有的地段用青砖给原有的石质长城进行外包装，有的地段还把过去的石墙和“石雷”等一些石质武器作为“馅儿”，筑进了长城，建成“带馅长城”，并创造性地修建了骑墙空心敌楼。整体的形制是：既有砖筑敌楼石筑墙，也有石筑砖包墙。到隆庆五年，蓟镇长城全线竣工，长城变得高大坚固，火炮、火铳等先进武器也从此闪亮登场。

第五阶段，万历元年至万历十八年（1573 年—1590 年），创修了整个蓟镇长城中最为雄奇险峻的板厂峪西北角长城，主要形制为石筑砖包墙、砖筑墙、砖筑敌楼。本书中所说的石林长城、屏峰长城、倒挂长城，就是这个阶段的辉煌杰作。创修了西北角长城，形成了由西线、西北角、北线构成的全新的板厂峪长城防线。

原有的南线长城、东线长城功成身退，本以为从此往后，再无琐事扰心头，谁料想，21世纪20年代前后，中小学生纷纷来到板厂峪进行长城研学，南线长城因其丰富的军事防御工事，再立鳌头。是金子总会发光的，真不假呀！

第六阶段，崇祯七年开始至明朝灭亡（1634—1644年），是明代的最后年月。由金斌、王首道、高廷科等退休官员和乡绅倡导并带头捐款，边民有钱出钱，有力出力，修建义院口关和板厂峪西线的破损关城。这次修缮工程的形制以砖筑为主。亘古以来，修建长城是政府行为，而义院口和板厂峪属民间集资修建长城，填补了我国长城修建历史的空白，增添了浓重的一笔。

第七阶段，2014—2017年，在国家和省市文物管理部门的谋划和支持帮助下，遵照“修旧如旧”的原则，国家拨款，对六眼楼、杨来楼、倒挂长城等处进行了保护性修复工作。在修复开始阶段，首先进行了考古式发掘，施工过程中，仅有少量工作采用简单的机械化作业，主要工作量依靠人工之力，按照古法工序完成。修复材料尽可能多地采用长城原先的石材和砖块，短缺的由长城砖特供厂家进行定制生产。在修复过程中，发现了许多珍贵的长城文物，也发现了许多前人修建长城时使用的材料、建筑工艺，以及作战、生活器具。

板厂峪长城历经的七个修建阶段，划分未必准确，叙述也难免有不当之处，希望能得到各位读者和专家的批评指正。

附：明朝兵制表（据相关文字资料编制）

兵制	管辖举例	官职	下设	统领
兵部	兵部尚书、兵马大元帅	都统、提督		
镇	辽东镇、蓟镇、宣府镇、大同镇、山西镇、延绥镇、宁夏镇、固原镇、甘肃镇、昌平镇、真保镇、山海镇、临洮镇	总兵官、巡抚	蓟镇设三协十二路	10万人
路	山海路、石门路、台营路、燕河营路……	参将	两个卫	1万人
卫	山海卫、金山卫、天津卫、威海卫……	游击将军	5个千户所	5000人
千户所	管10敌楼	千户	2个把总	1000人
把总所	管5个敌楼	把总	5个百户	500人

兵制	管辖举例	官职	下设	统领
百户所	管 1 个敌楼	百户	2 个总旗	100 人
总旗		总旗	5 个小旗	50 人
小旗		旗头	1 个小旗	10 人

第二篇　板厂峪长城文化

全国重点文物保护单位
板厂峪窑址群遗址
中华人民共和国国务院
二〇一三年三月五日公布
河北省人民政府
二〇一四年二月立

第七章　闆城三堡

闆城小镇有个标志（图 7-1），它的视觉形象和含义是——闆，同“板”，是“板”的异体字，过去常把“老板”写作“老闆”。闆的部首是门，门指房屋、墙壁的通道，板厂峪古称板厂峪关，含义明达准确。闆字门中有“品”字，恰如板厂峪的三个堡：东沟堡、西沟堡、板厂峪堡。

图 7-1　闆城小镇标志

长城沿线，经常见到的是一个关口设一个堡。板厂峪一个关口有三个堡，是少之又少的事儿。在 2016 年冬天，板厂峪景区详细调查了这三个堡的遗址，数据可靠，照片清晰，我们收录了这篇调查报告，并略加评述。

明代初年，徐达在修建板厂峪南线长城时，不到三里路的距离修了三座关口，即东沟两座、西沟一座。东沟两座关口相距只有 100 米，这三个关口合称长谷口关，并在东沟和西沟都修有军堡。我们推测，这两个堡就被称为东沟堡和西沟堡。王琳峰（2011）研究成果显示，西沟堡和东沟堡都修建于洪武年间。

第一节　东沟堡

东沟堡坐落在板厂峪东沟村南 500 米处，北距南线长城（老边）500 米，其西北为板厂峪西沟村，东靠查庄，南临曹家房。现古城内无人居住，地理坐标为东经 119°34′10″，北纬 40°11′30″。据记载，明万历年间古城石筑，城高 1 丈 5 尺，周长 92 丈 4 尺，设南门 1 座，门上建楼，周长为半里，居住 32 家。现保存的古城遗址南北中轴线长 120 米，东西轴线长 100 米，尚存部分墙体残迹，东墙残宽 4.4 米，高 1~4 米不等，东线残宽 2.2 米（图 7-2）。

图 7-2　东沟堡遗址

从史料记载和城堡修建的形制上看，东沟堡和西沟堡与东线长城、南线长城、西线烽火台之南的长城是同时修筑的，是为了防御来自板厂峪北侧、平顶峪西侧和义院口东侧的攻击。但是，随着平顶峪、板厂峪北线长城防御设施的逐渐完善，日益频繁的战事逐渐西移至义院口，即石河北支流义院口河入关处。在此情况下，板厂峪西线窟窿边长城的战略地位日益提升，明代中期又修筑了板厂峪堡，东沟堡的作用日渐弱化，驻军逐渐西移。当地有传说：因为驻军的大规模“搬城”，使板厂峪也曾得过一个名字：“搬城峪”。由此看来，也有一番道理。

第二节　西沟堡

西沟堡位于灵仙洞东北 100 米、老边南 1 千米处，面对西面的正门口沟。地理坐标是北纬 40°12'11.41"~40°12'15.82"，东经 119°33'47.55"~119°33'52.89"。从保存的古城遗址可以看出，西沟堡东西长 93 米，南北长 99 米，占地 9208 平方米，东城墙宽 2.5 米，南城墙宽 5 米；西城墙和北城墙塌毁严重，最高处不超过 3 米；城门因城墙毁坏严重，无法考证其规模；古堡内全部是庄稼地，没有民宅（图 7-3）。

图 7-3　西沟堡遗址

西沟堡与东沟堡、西线烽火台之南的长城、南线长城、东线长城是同时代的产物，都是明代早期洪武年间修建的。嘉靖元年又修筑了东西沟汇流处之南的板厂峪堡，主要是为了防御来自北侧和西侧对义院口的攻击。万历中期，板厂峪北线长城和西北角长城的防御设施日益完善，东线长城和南线长城遂失去了军事防御价值。而义院口则战事频繁，板厂峪西线窟窿边长城的战略地位越来越重要，西沟堡与板厂峪堡互为犄角，支援窟窿边长城。

第三节　板厂峪堡

板厂峪堡位于板厂峪村北部，板厂峪西沟河东侧。地理坐标是北纬 40°11'34.62"~40°11'37.38"，东经 119°33'50.35"~119°33'54.0"。据《中国长城志》考证，板厂峪堡建于明洪武年间。据《卢龙塞略》记载，板厂峪堡，石筑，城高 1 丈 5 尺（4.5 米），周长 92 丈 4 尺（277.2 米），设南门 1 座，门上建楼，周长为半里，居住 32 家。至清光绪年间，原城已废弃不用。

板厂峪堡遗址东西长 70 米，南北长 65 米，占地 4522 平方米。城墙原高 5 米，城墙原厚 3 米；堡内有老爷庙遗址一座，碾坊一座，碾子两个，古宅一间；北城墙有村部 8 间；古堡内有民宅 9 户，东侧墙外 3 户，南侧墙外 7 户，西侧墙外 4 户，北侧墙外 2 户；古堡北侧菜地上有两口古井，当地人称“双眼井”，还有一座菜窖以及院墙（图 7-4）。

图 7-4　板厂峪堡现存遗址

独特而重要的地理位置使得板厂峪成为兵家必争之地，其西沟堡与东沟堡修建于明早期的洪武年间，板厂峪堡修于嘉靖元年（1522 年）。在明万历中期，随着北线长城和西北角长城修筑完毕，板厂峪形成了旗帜长城和“两关三堡”相互配合的布局特点。随着防御重点向西侧的义院口关转移，板厂峪西线长城成为其生命线，西沟堡与板厂峪堡一南一北形成了拱卫之势，而东沟堡、南线长城和东线长城也因失去了军事防御价值而被逐渐废弃。

第八章　吹沙见日——长城砖窑群

第一节　中国 2002 年度十大考古发现之一

在板厂峪抬头一望可见一连串的敌楼耸立山巅，这就是明代晚期修筑的砖包长城。我们不禁要问：修建长城的大量青砖是在哪里制作的呢？是怎样制作的呢？板厂峪明长城砖窑群遗址的发现为我们解开了其中的奥秘。

板厂峪长城砖窑的发现是一个漫长的过程，但也是一个非常神奇的过程。板厂峪有一片儿地儿，叫作高家地。长时间以来，人们发现这里的庄稼地里有一个个大大的圆圈，这一个个圆圈的直径，有四五米、五六米，各不相同。

如果在这里种玉米，这个圆圈儿里边儿总是长得枯枯黄黄的，而它的外边儿则是绿油油的。无论浇了多少水，中间儿的还是非常枯萎，非常低矮。过了不知道有多长时间，也许有几百年，2002 年，秦皇岛市文物局的郝三进、闫乐耕，本村人许国华在这里有了大发现。原来离着地表只有 30 厘米的下边，竟然是一个个完整的砖窑，每一个砖窑里边儿有四五千块码放得整整齐齐的长城砖（图 8-1）。

图 8-1　长城砖窑群 2 号窑遗址

他们立即向河北省文物局进行了汇报。然后，省里的、市里的、县里的文物专家们就来到板厂峪进行发掘了。在发掘过程中，第一次就发现了66孔窑，大批量的都是砖窑，也有瓦窑、灰窑、铁窑。每一孔砖窑里边儿都是满满当当的5000块长城砖啊，都非常坚固。当然也有一些砖窑里面摆的还是土坯，还没有来得及烧，还有一些特殊的异形砖。

这个发现立即引起了整个社会的高度重视，文物管理机构、长城专家、历史学者、文化局、旅游局、电视台、报纸的记者蜂拥而至，用今天话说，那就是火了。那一阵子，到处都在说秦皇岛的板厂峪发现了大宝贝了。在2002年的首批发掘中就确定了66座长城砖窑遗址，使得封闭了400多年的长城砖窑群重见天日，被国家文物局评为当年中国十大考古发现之一，填补了长城研究的一项空白，不久，被国家文物局定为国家级重点文物保护单位。

从此，一发而不可收，隔几天发现一批，隔几天又发现一批，陆陆续续直到现在，总共发现251孔窑，其中有217孔砖窑，还有34孔瓦窑、灰窑、铁窑等等。

在高家地、西沟、东沟，这一大片庄稼地的底下，都是密密麻麻的一个挨一个的长城砖窑。考古队在这里发掘了长城砖窑之后，对每一孔砖窑进行了编号、测量、拍照、录像，然后按原样埋土封存，以便保护文物。

为了供科研考察和游人参观，对外展出了2号窑和4号窑。4号窑直径4.5米，深4.2米，整齐地码放长城砖20层，存砖5000余块，这是烧好的筑长城用的大砖，砖长36厘米、宽17厘米、厚9厘米、重10.5千克左右。这些砖与目前长城上看到的砖的形状和大小完全吻合。在板厂峪其他砖窑中还发现了砌墙砖、地墁砖、滚水砖等（图8-2）。

图8-2　长城文化展馆中展示的各种形制长城砖

凡是神秘的问题，往往是解决了一个问题之后，又会有更多的问题在等着你。这些砖窑被发现之后立即就有一大堆问题出现了。

例如：

这些砖窑是什么时候建造的？谁建的？为什么要建造这么多的砖窑？

为什么这些砖没有取出使用，这么多的砖窑突然被当时的人集体忘记？

为什么要把它掩埋得严严实实、平平整整？为什么几百年后才被人发现？

回答这些问题，并不需要你是长城专家，只需要你的想象力。

第二节　板厂峪为什么能够成为长城砖的生产基地

当时我们也进行过认真的思考，认为万里长城沿线的长城砖窑应该是很多的，可是，经过历史的沧桑，到今天还能够再见到的，特别是里边儿还能够存着砖的，几乎是少之又少。板厂峪如此庞大规模的砖窑群在国内也是首次出现。

在分析一个地方能不能成为长城砖生产基地时，除了考虑管理人才、技术人才和劳动力条件之外，需要我们站在一二百孔砖窑长期运转的大背景下思考问题。我们不仅要思考“有没有”，还要思考“够不够”；不仅要思考“短期用”，还要思考“长期用”。这才是一个掌控全盘的战略家的思维。就板厂峪来说，以下七个独特条件使其成为长城砖生产基地的最佳选址：

第一个条件，位置，长城之内，安全第一。山谷之中不易发现。距长城不远，运输方便。

第二个条件，宽阔平坦的土地，是制作砖的场地。砂土要过筛，制作砖坯，晾晒砖坯，一孔砖窑一亩地。几百孔窑，所需面积之大，可想而知。

第三个条件，充足的黏土，是烧砖的必需材料。好水酿好酒，好土烧好砖，用了几十上百年，岁岁年年用不完。

第四个条件，充足的铝矾土，用水湿润，抟成厚饼，粘贴在砖窑的内壁，相当于贴了一层耐火砖，才能耐火经烧。

第五个条件，充足的木柴。木柴就是燃料。必须是大量的燃料，用之不竭。有森林的地方燃料丰富。

第六个条件，煤矿。煤能提供持久的热量，煤掺入砖坯（图 8-3），可以从内向外输送热量，让砖烧得更透、更结实。

图 8-3　长城砖中残留的煤炭

第七个条件，充足的水源。和泥做砖坯需要水，做青砖需要浇水，大批量烧制长城砖需要成百上千的人，需要大量的生活用水。充沛的水源必不可少。

以中国面积之大，万里长城之长，满足这七个条件之地，想必不在少数。然而，截至今日，达到百座长城砖窑规模的地方，尚无报道。有道是：天高地厚，机缘巧合。板厂峪之珍贵，可遇不可求，对万里长城独有的贡献，无可替代。

第三节　长城砖的烧制过程

关于古人烧制砖的历史，有一种说法，说是人类“居住之所”的发展变化过程，就是一部人类文明进步的发展史。远古时代，人类走出山洞之后，为了抵御野兽伤害和其他氏族的侵入，为了抵御酷暑严寒和狂风暴雨，开始建造简陋的居所。也许是受到烧制陶器的启发，人们使用泥土捏制成泥坯，放在火中烧结，成为坚硬的陶砖，这是一项伟大的发明。在陕西蓝田出土的 5 块残砖，被确认为中国最早的砖，距今已有 5 000 年，堪称“中华第一砖”，是仰韶文化的杰作。我国大量使用砖瓦的历史，开始于西周中晚期。

修筑长城用的青砖是怎样烧制的呢？传统的烧制过程是这样的：

第一步是挖掘黏土。黏土含沙很少，且富有黏性。把黏土堆积在平坦的场地上，进行自然风化，此过程时间较长。

第二步是筛选。用筛子筛风化破碎的黏土，筛过的黏土，颗粒细密均匀，没有杂质，没有一颗石子儿。

第三步是和泥。黏土加水湿润，像和面那样去揉黏土团。经常是把湿润的黏土让牛来踩踏，目的是使其湿润均匀，排出泥土中的空气。

第四步是成型。把揉好的泥团放入事先准备好的制坯模具里，需要压得尽量紧实一些（图 8-4）。

图 8-4　在板厂峪体验带字的长城砖制作流程

第五步是晾干。把砖坯摞起，进行十多天的阴干，不能暴晒，防止出现裂纹。砖坯底部放细沙，防止粘连。砖坯之间留间隙，利于通风。要防止雨水淋湿。

第六步是入窑。入窑码放砖坯，技术含量很高。每块砖的相互距离和摆放角度，层与层之间砖坯数量的差异，都非常讲究，有严格的规定。只有如此，才能保证满窑砖坯均匀受热，烟火畅通。

第七步是烧制。用泥土封住窑顶，在窑口放上木柴燃烧，使窑内的温度保持在 800℃左右，连续烧窑 4~5 天。烧制过程中要逐个堵住不同方向的烟道，每个烟道的顶部都呈现红色，就说明砖坯烧透了。这时候烧成的是红砖，红砖比较疏松，时间一长，容易风化。

第八步是淋青。烧好红砖之后，用缓慢的速度给窑里淋水，红砖就慢慢地变成了青砖。好像锻造钢铁需要淬火一样，青砖就很坚硬。我们常说“万里长城永不倒”，除了墙址的科学选择、施工的严格管理等原因之外，使用坚硬的青砖，也是一个重要原因。

图 8-5　板厂峪长城砖窑遗址

第九章　长城文化展馆

板厂峪长城文化展馆，是一座民办的长城博物馆，其展品以板厂峪境内长城文物和居民生活器具为主，展现了板厂峪悠久厚重的历史（图 9-1）。展馆占地面积 600 平方米，原为 2002 年河北省和秦皇岛市考古队发掘砖窑工作的地方。

图 9-1　长城文化展馆大门

第一节　前院南墙东段与东墙展区

在该展区，首先看到的是重建的小型祠堂“三善祠”，该祠是为了纪念在崇祯七年（1634 年）为修复板厂峪附近坍塌的长城而慷慨捐款的三位善人，并配有高氏家谱上的文字记载（详见第十章）。然后展示的是各种长城记事碑和匾额，特别是戚继光等高级将领阅视碑和出土于板厂峪堡的“保障”石匾额格外珍贵，还有出土的刻字长城砖等。这些文物都表明了板厂峪曾是长城防御的一个“后勤保障基地”，是研究中国长城建设史的重要史证，对还原长城建设历史信息有重大意义（图 9-2）。

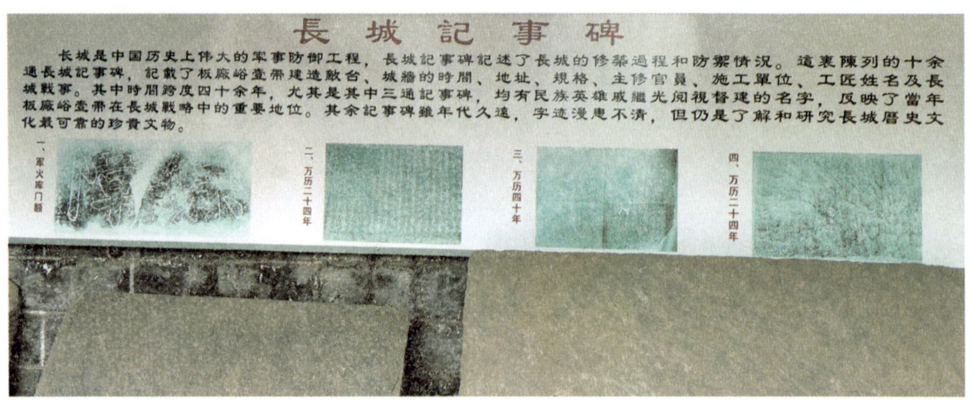

图 9-2　展馆前厅南墙东段与东墙展区

此处陈列有数个砝码石，有 320 斤、200 斤等，用于称量粮食等大宗物品。该展区还陈列着多个石炮，保存完整，在古代铁炮、铜炮出现之前所用。

第二节　前院南墙西段展区

该展区展示的主要是明长城上装备的各种石雷（图 9-3）。石雷由礌石转化而来。礌是古代守城用的球形或圆柱形石头，从城上推下打击攻城的敌人，常与滚木一起使用，合成“滚木礌石”。石雷是把礌石的外表凿圆，并向内凿圆形孔洞，放置火药、铁丸等，使用时点燃导火索，从长城滚下，对敌人连砸带炸，火光四射，爆炸声此起彼伏，受到惊吓的战马失去控制，杀伤力较大。

图 9-3　展馆前厅南墙西段展区陈列的各种石雷

第三节　前院西墙展区

该展区展示了明代修建长城所用的夯石等工具，以及长城上的石制旗座和球形礌石等防御兵器（图 9-4）。通过这些原始笨重的文物，可以想象古人修建长城和守卫长城的艰辛。

图 9-4　展馆前院西墙展区陈列的明代修长城工具、旗座和礌石等

该展区还展示了古代北方最重要的运输工具——马车的各式花轱辘车轮，还有捣米缸、小石磨及石制建材等明代的生活与建筑用具（图 9-5）。

图 9-5　展馆前院西墙展区陈列的古代交通和居民生活器具

第四节　后院展区

该展区东侧展示了灵仙洞出土的全世界最完整、最珍贵的斑鬣狗完整躯干化石（复制品）及其他动物化石（图 9-6），这些化石为研究人类诞生、发展的重要地质时期——晚更新世的气候变迁，提供了大量的实证信息（详见第十四章第一节部分）。

图 9-6　展馆后院展区东侧陈列的灵仙洞斑鬣狗及其他动物化石

该区北侧展出了众多的民俗类用品用具（图 9-7），如制作砂锅的模具、大石磨、淌浆石、饸饹床子、升、斗、食盒、柳条行李箱、织布机和弹棉花弓子等。

图 9-7　展馆后院展区北侧陈列的民俗类用品用具

该展区还展出了在修复六眼楼时，出土一副由火山岩研磨并刻字的中国象棋的场景，反映了当时军人驻守长城时的业余生活。

第五节　室内西屋展区

该展区陈列着明代各种铜制铁制的佛郎机、火铳（单孔、双孔、三孔、四孔等），以及火药勺、火药仓等军事武器（图 9-8），其中明隆庆四年（1570 年）的火铳，2008 年被央视《寻宝——走进秦皇岛》栏目评选为“秦皇岛民间地方国宝”。

图 9-8　展馆室内西屋展区陈列的各类古代长城防御火器

明代火器建立在宋元火器基础之上，又吸收了西方的一些技术。明代火器不仅在质量上，而且在种类、数量上都有着惊人的突破，在战争中表现突出，取得了辉煌战绩，同时改变了传承几千年的军队编制、战争观念等。

木炮是古老的兵器。信号炮用来在烽火台上发布敌情信息，铁蒺藜用来阻挡敌人的骑兵。铁镐、锨、锄、坩埚是修长城的工具，各种陶瓷盆碗、照明灯、手柄石制油灯等是守城士兵的生活用具。

第六节　室内东屋展区

该展厅陈列着抗日战争和解放战争中使用过的军事和生活用具（图 9-9），如弓、箭、弩、刺刀、匣子枪套、子弹袋、手枪、电话机、军号、照相机、日本呢子军帽、钢盔、各种手雷、手榴弹和炮弹壳等军事用品，还有各种灯具、清代画镜、茶壶、算盘、糕点模具、手镯、银元宝、印章和砚台等生产生活用品。

图 9-9　展馆室内东屋展区陈列的近代军事文物

该展区还悬挂着巨幅日本受降照片，它标志着中国抗战的胜利。抗日战争是中国第一次取得完全胜利的民族解放战争，也是第二次世界大战反法西斯战争的重要组成部分，创造了半殖民地弱国打败帝国主义强国的战争史上的奇迹，显示了中国人民的巨大力量和不屈不挠的斗争精神。

第十章　三善祠里的家国情怀

2008 年，一群远道而来的祭祖上坟人，带来了三四百年前的一段秘闻。

图 10-1　长城文化展馆中重建的三善祠

第一节　神秘的客人

2008 年年底，几名来自大连的神秘的游客来到板厂峪景区大门口，要在板厂峪村的高家地祭祖。许国华听说此事后立即将这几位客人接进景区，奉若上宾，热情接待了这几位专程寻根祭祖的客人。听说几位客人姓“高”后，许国华激动万分：“我们村里有高家地，但却没有一户姓高的人家，原来是你们呀！都迁到大连去了。”几名来客在高家地祭祖之后说，来之前我们已经作好了心理准备，如果板厂峪拒绝我们上坟祭祖，我们二话不说，转身就走，从此不再说与世人知。

如果板厂峪还把我们当成自家人，一切顺利，就献上一份珍宝——《高氏系谱》，书里记载着其祖上募资修长城的事迹。这些大连的高姓人告诉许国华，你的热情接待让我们感受到了故土亲人久违的亲情，也感受到故乡人对长城的无比热爱和尊崇，所以他们愿意把这份珍贵的传世宗谱留存在板厂峪，让故乡人能够铭记祖辈修长城的往事，继续传承祖辈对长城的无私付出与保护的精神。

第二节　悠悠往事 从三善祠的记事碑说起

以下的这段往事，来自《高氏系谱》里记载的义院口三善祠的记事碑文。

先交代一下往事的时代背景吧！

这件事发生在明代的崇祯七年（1634 年）。崇祯是明代最后一位皇帝朱由检的年号。崇祯一共有 17 年，到崇祯七年的时候，已经是风雨飘摇，气数已尽，10 年后，明朝就垮台了。

板厂峪西侧有一座重要的长城关口——义院口，它扼守着石河北支流的狭长谷地，其东侧就是板厂峪的西线长城——窟窿边。窟窿边的任务就是当敌人攻打义院口的时候，从侧翼打击敌人。因此，敌人要想攻进义院口，就必须首先抢占窟窿边。拿不下窟窿边，对义院口就只能望城兴叹了。

如此看来，义院口、板厂峪这一带的长城沿线，应属战略要地，明朝政府理应准备充足的人力、物力和财力来支援前线，修好长城。可是，到了明代后期，官场腐败，国库亏空，国家拨给的军费严重不足，就更没有钱修长城了。

到了崇祯七年，边防废弛，北边的少数民族多次从这里闯进关来，烧杀抢掠。面对这个情况，当地的军民都特别着急。这时，来了一位钦差，钦差就是皇上派下来办事儿的人。这位钦差名叫金斌，祖籍浙江，是宣府镇南山副总兵。金斌来到义院口，看到这里有 5 处 40 余丈（相当于 100 多米）的长城严重倒塌，一旦敌人侵犯，就可能长驱直入。于是他就给朝廷打报告，但朝廷既不给钱，也不批复。金斌着急了，这事咋办呢？

第三节　带头捐款 民间集资修长城

金斌找了他的几个老朋友，其中一位叫王守道，以前曾经做过山海路的游击将军，英勇善战，是个寿官。寿官就是退休官员。还有一位是义院口的乡绅，名叫高廷科，德高望重，能干事，有人脉。王守道捐本人俸禄 138.17 两。在他的倡导下，众人募捐白银 274.62 两，两项合在一起共 400 余两。修长城最重要的事情就是要烧长城砖，烧长城砖需要很多的土地。高廷科让用他们家在板厂峪的土地，高家地儿就是其中的一块。他们又找了一位有修城技术的工头杨瑞玉，率领民工照着长城原来的样式重建了窟窿边长城、义院口关城和城门楼。

在募捐修城过程中，钦差金斌的决策果断正确，王守道、高廷科“二人赞襄之力居多”，使得这种在历史上少有的民间修建长城的工程得以顺利开展。后来，边民“思捍卫之功以祀之”，在三官庙北厢房设立“三善祠”和记事碑用以纪念。这一篇碑文被完整地记载在高家的家谱里（图 10-2）。根据这些记载和在板厂峪高家地发现的长城砖窑群遗址，可以说这个故事是确有其事的。

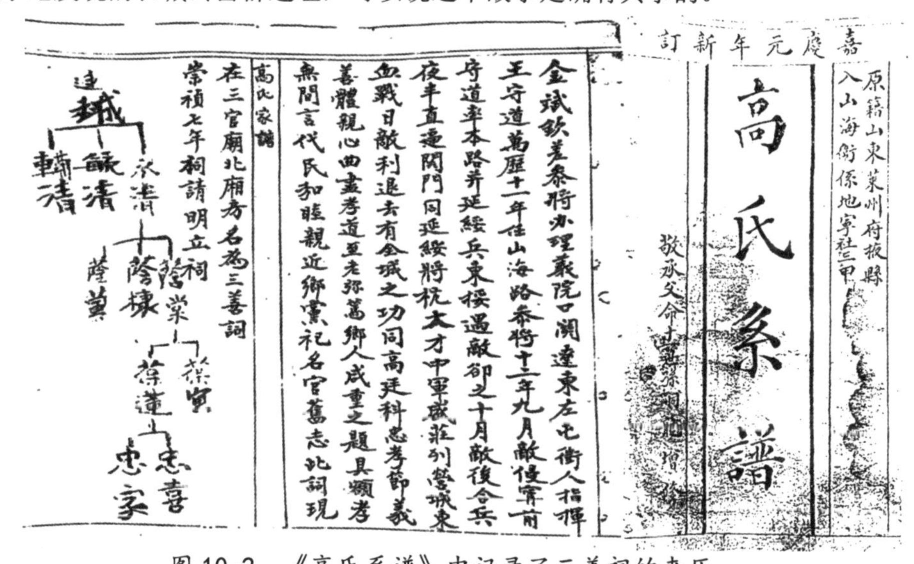

原籍山東萊州府掖縣
入山海衛係地字社三甲

嘉慶元年新訂

高氏系譜

金斌欽差參將办理義院口關達東左屯衛人指揮
王守道萬歷十一年任山海路參將十二年九月敵侵甯前
守道率本路并延綏兵東援遇敵卻之十月敵復合兵
夜半直逼關門同延綏將杭大才中軍戚莊列營城東
血戰日敵利退去有金斌之功同高廷科忠孝節義
善體親心而盡孝道至老弥篤鄉人咸重之題具顯孝
無間言代民和睦親近鄉黨祀名宦舊志北詞現

高氏家譜

在三官廟北廂房名爲三善祠
崇禎七年祠請明立祠

图 10-2　《高氏系谱》中记录了三善祠的来历

第四节　往事湮没日月久 长城砖窑见青天

崇祯皇帝很不幸，他在位执政时候，地球历史进入小冰河期，气候寒冷干旱，极端天气频频出现，灾情不断恶化。到了崇祯八年（1635 年），又出现蝗灾。从崇祯十年（1637 年）开始，明朝遭受了史无前例的长达 8 年的特大旱灾，农民起义此起彼伏，接连不断，直至明朝灭亡。

崇祯十七年（1644 年），正月初一，李自成在西安建立了大顺农民政权。三月十九，农民起义军进了北京城，崇祯皇帝吊死煤山，支撑 276 年的大明王朝顷刻间灰飞烟灭。率领宁远铁骑的吴三桂此时坐镇山海关，何去何从，首鼠两端，犹豫不决。李自成听从谋臣李岩的建议，决定说降吴三桂。吴三桂走投无路，只好允诺。正在此时，李自成手下大将刘宗敏吊打吴三桂的老爹吴襄，催缴白银，抢走了吴三桂的爱妾陈圆圆。吴三桂羞恼万分，“恸哭六军皆缟素，冲冠一怒为红颜，欺爹辱妻气难咽，降清骂名几百年”。甲申年四月二十二，李自成、吴三桂、多尔衮在山海关石河西岸的一场大战，改变了中国历史的走向。吴三桂打开山海关，李自成赶考名落孙山，多尔衮得意迎顺治，清王朝进京坐金銮。公元 1644 年，崇祯十七年，风云突变，瞬息万变，史称“甲申之变”。

明末清初，天下大旱加上王朝更迭，天下大乱，边关的军人和他们的家属四下逃亡。临走之前，这些受过戚继光严格训练的戚家军的军士们，还是非常镇静的。他们把长城砖窑埋好，把生产现场打扫得干干净净，然后逃到南方，逃到边远的地方。过了几十年、上百年，等他们的后代再回来的时候，往事如烟，物是人非，几辈子之前的旧事被集体遗忘，子孙们不知道在板厂峪的地底下，还有这么多的长城砖窑，还有这么多的故事。2002 年，板厂峪在高家地儿发现砖窑群，2008 年大连高家人带来《高氏系谱》，家谱里就把《募捐钱粮创建城楼修城垣题名碑记》《三善祠记事碑》抄录下来，才让这些往事重见天日（详见第八章）。

这一段三善祠的故事告诉我们，中国的万里长城，不仅仅是秦、汉、明等封建王朝出钱作决策，老百姓出力修建的；也有老百姓自愿出钱出力修建的。万里长城四个字，内涵就是八个字：“万众一心，众志成城”！

第十一章　长城血脉延绵——板厂峪义乌兵后裔

明朝早期，长城守军实行主客军制度。主军长期驻守在长城沿线，负责长城的瞭望警戒任务。客军从外地轮流到长城沿线担任战备任务。嘉靖末年，北部鞑靼南下入侵呈猖獗之势。当时，北部长城沿线军队实行卫所制，年轻少壮军人内心认为自己属于私人武装，对国家长城防务不够尽心尽力。只有老弱者成为“主力”，加之缺少必要的军事训练，北方的军事能力成为令朝廷头疼的事情。

第一节　戚家军北上倡勇敢 义乌兵后裔留边关

为了加强北部防御，隆庆元年（1567 年），在东南沿海抗击倭寇战争中立下不朽功勋的名将戚继光被调任蓟镇总理练兵事务。戚继光到任后，到长城沿线认真巡视调研，提出了实行募兵制来提高军事实力的提议，并经朝廷批准从他在东南沿海训练多年的一支由义乌兵组成的“戚家军”来作练兵模范，“以倡勇敢”（图 11-1）。

图 11-1　使用火铳的戚家军

隆庆二年（1568 年），当第一批立下赫赫战功的 3000 名义乌兵来到蓟镇集合，等待戚继光检阅时，正赶上了一场大雨，下了整个上午。这些义乌兵在大雨中挺立腰杆纹丝不动，让一旁观看的北方兵“大为振骇”，知道了什么是军令如山，军容严整。义乌兵用自己良好的素质和作风，激励着蓟镇将士们奋勇训练，鼓舞着他们的英雄气概。

综合各家资料，在蓟镇的义乌兵达到3万余人，加上当时明朝实行了“徙民实边”政策，即从内地移民到边关，以充实边关，许多义乌兵的家属也随将士们一起，在长城沿线一起生活，逐渐出现了以姓氏命名的敌楼，例如板厂峪的许家楼、陈家楼、王家楼等。这些敌楼附近常有他们先人的坟茔或自家开垦的田地。后来，这些家属们便在城堡内外安家落户，逐渐成为名副其实的北方人。

戚继光把他在东南沿海抗倭时发明的鸳鸯阵带到了长城沿线并加以改进，形成了比鸳鸯阵更加先进的战车、步兵和骑兵互相配合的战法。由于戚家军严明的军纪和强悍的战斗力，他们在相当长的时间内都是长城修建、驻守和战争中的中流砥柱。例如，在明朝抗日援朝的战争和浑河大战中，义乌兵便是其中的主力，起到了先锋骨干作用。后来，随着明朝被清朝取代，长城上的军队便自动解甲归田，沿线的关城营堡也逐步演变成乡镇村庄了。

秦皇岛市文化局曾经作过一个调查：在秦皇岛境内的明长城沿线，有100多个自然村生活着修建长城、驻守长城的江浙士兵后裔。

第二节　义乌客有缘板厂峪 许国华认祖许宅村

世上事，无巧不成书，巧事带着好事来。2010年夏，浙江省义乌市地方志主任吴潮海、金善富带着义乌市电视台，来调查绥中县曹家村与义乌曹村的历史渊源。汽车走到董家口山梁上，抛锚了。眼看着天已渐黑，抚宁区文保所所长赵子英打电话向许国华求救，许国华立即将义乌市的客人们接到板厂峪住下，在把盏言谈之中，提到了许家的家世。金善富回到义乌后，经过认真调查、核对，查清了许家的根源叶脉，就立即从董家口、城子峪、板厂峪等地邀请了义乌籍长城后裔陈庆奎、张鹤珊、许国华等，到义乌寻根、探亲，受到义乌市长的亲切接见。

许国华等人到了义乌市许宅村，见到了许氏家谱。据家谱记载：隆庆二年，奉戚继光之命，许大洪带着两个儿子许伟继、许伟纯来到板厂峪。许大洪在蓟镇总兵府——迁西三屯营当中军守备，后任游击将军，镇守义院口关。2011 年 10 月，在秦皇岛市义乌小商品城总经理苗之峰的资助下，许国华、许国奇、许长贵、许长福、许建峰，带着 27 件在板厂峪出土的义乌将士守城筑城文物，有长城砖、箭头、刀、剑、石雷、铁火铳等物件去义乌探亲。可是，当火车行驶到唐山站时，发现少带了一件珍贵的国家二级文物铁火铳，许国华叫许建峰即刻从唐山下车，返回秦皇岛去取铁火铳，然后连夜开车直奔浙江省义乌市许宅村拜见老祖宗。这种血浓于水的亲情，深深地感动了义乌许宅村的村民们。许国华将文物捐献给义乌市博物馆，义乌市许宅村与秦皇岛市板厂峪村结下了骨肉亲情的友好村。

从此，本地守护长城的义乌兵后裔与“老家”的亲人们开展了“认祖”“祭祖”和“认亲”等活动（图 11-2、图 11-3、图 11-4）。义乌市和秦皇岛市的官方也进行了多次的经济和文化等方面的交流，秦皇岛市还建设了“义乌小商品城”，将义乌的小商品引进到秦皇岛，并通过秦皇岛走向河北、东北和内蒙古地区。

图 11-2 义乌人到板厂峪寻亲

图 11-3 义乌人到板厂峪寻亲

400 多年前，长城边关连接了义乌兵与秦皇岛的渊源。400 多年后，义乌兵的后裔们仍然发挥着他们祖先那种刚毅有为、聪明干练的才智禀赋，以及英勇顽强、百折不挠的长城精神，为燕山渤海一带的社会经济发展作出自己的贡献。

图 11-4 浙江省义乌市长城后裔在板厂峪参加祭奠先人活动

第十二章 板厂峪红色基因

第一节 板厂峪革命烈士陵园

“浩气凌云垂青史，丹血洒地润长城。”在板厂峪景区明早期长城西南处，有一处安静、优美的小山坳，这里沉睡着 63 名驻操营镇及附近乡镇在抗日战争、解放战争时期为新中国的成立牺牲的革命烈士。他们用双手劈开生死路，百战杀敌建奇功，把自己的满腔热血乃至宝贵的生命献给了党和人民的伟大事业，为板厂峪种下了生生不息的“红色基因”（图 12-1）。

图 12-1 板厂峪革命烈士陵园清明祭先烈

近百年来，在板厂峪雄奇险峻的长城沿线，发生着许许多多可歌可泣的英雄事迹。在长城敌楼上惨遭敌人杀害的革命烈士杨来、牺牲于长城脚下的抗日民兵张玉臣、年仅 15 岁便惨遭敌人杀害的儿童团团长温多吉……，那些为了抵御外敌侵略、争取民族独立和解放事业而牺牲的革命烈士们，用鲜血与生命书写了一曲曲激情澎湃的壮烈悲歌。

板厂峪景区董事长许国华介绍，起初，只有杨来等 5 位板厂峪村籍革命烈士埋骨于此，初春季节，附近村民都会自发地来此扫墓，逐渐地，来此祭奠烈士们的市民越来越多，长城脚下秀美、幽静的小山坳，也成为驻操营镇周边各县区市民向革命先烈祭奠哀思、向英雄致敬的祭扫之地。

为传承烈士遗志，弘扬爱国主义精神，2007 年清明，时任板厂峪村村委会主任的许国华应烈士后代及板厂峪村广大村民们的意愿，向秦皇岛市抚宁县民政局申请，在此建立板厂峪革命烈士陵园。不久，来自原驻操营镇、庄河乡、义院口乡、黄土营乡、东贺庄乡等地的 63 位在抗日战争、解放战争中牺牲的革命烈士的纪念碑在此竖起，一座为纪念原驻操营镇及周边乡镇籍革命烈士的板厂峪革命烈士陵园在长城脚下建起。

“长城脚下埋英骨，绿水青山祭英魂。”作为秦皇岛市爱国主义教育基地，每年清明节，板厂峪革命烈士陵园都会迎来众多市民前来祭扫，缅怀先烈。更有众多青少年学生在英烈们曾经战斗过的地方，栽种一片青松，聆听英雄事迹，在烈士纪念碑前，献上千百花环，向英雄致敬，传承英烈遗志（图 12-2）。

图 12-2　青少年学生在板厂峪革命烈士陵园缅怀先烈

第二节　革命烈士杨来

杨来楼，即《秦皇岛长城》编号 245 号敌楼（详见第三章第四节部分），原名西楼，是为了纪念革命烈士杨来同志而命名（图 12-3）。

图 12-3　雨后杨来楼

1947 年农历六月初六早上，板厂峪农会主席杨来同志去村委会参加每年一度的“青苗会”，遇到村民许万生担水，说了几句话。这时从西山上下来三个国民党特务，很客气地跟杨来打招呼说：“我们是县里派来的，找绥中领导有急事，能给我们带个路吗？”杨来没有多考虑，就爽快地答应了，还喊上许万生，一起给他们带路。走到西楼附近，那三人叫许万生到山下老乡家订饭。

等许万生走后，这三个人便迫不及待地问杨来，村长是谁？村里有多少共产党员？驻扎的八路军支队在哪里？杨来知道上了当，急忙转身往回走，三人把杨来围住，逼至城楼死角，一顿毒打，一人劝杨来：“和我们走吧，好吃、好喝，还有钱花。”杨来毫不理会。三人看劝降不成，凶相毕露，将杨来残忍杀害。

得知这个消息之后，全村百姓为杨来举行了隆重的追悼会，并把“西楼”称为“杨来楼”，来缅怀身边的这位英雄。杨来同志虽然牺牲了，但他的英雄事迹和大无畏的革命精神一直在一代一代传扬。

第三节　临抚凌青绥联合县委遗址

1942 年，日本帝国主义大举进攻冀东地区，为了进一步巩固和扩大抗日根据地，冀东根据地派宋国祥和张仲三同志带领 100 多名干部和武装队员深入临榆、抚宁、凌源、青龙、绥中等“口外”地区，进行艰苦卓绝的抗日游击战争。

1942 年 12 月，正式成立临抚凌青绥联合县，张化东任工委书记，宋国祥任办事处主任，任务是组织发动群众参加抗日战争，建立地方武装，逐渐深入伪满洲国的西南地区。联合县党政领导机关为完成这一任务，组织了6个武装工作队，分别在花厂峪、三岔口、茨榆山、核桃沟、木头凳、板厂峪等地区展开抗日斗争。1943年7月至1945年4月，临抚凌青绥联合县根据斗争形势，在板厂峪建立凌青绥联合县办事处（图12-4），领导根据地人民开展抗日斗争。

图12-4　五县县委遗址

五县县委遗址在一线天附近，依自然凹进的崖壁窝而建。小屋南、西两面用碎石砌墙，南墙中部开一小窗，西墙有门窗。进深6.7米、宽3.7米。室内现存有土炕和八仙桌。室内东北有一个山洞，可以通往山顶。

第十三章　板厂峪长城特色饮食文化

明代嘉靖末年，戚继光将军剿灭了东南沿海的倭寇，在张居正的举荐下，于隆庆元年调任蓟镇总兵。戚继光上任以后，带领戚家军加固、重修了蓟镇长城，晚年离任后，留下 16 000 余浙江义乌兵在长城沿线扎根，形成很多个义乌兵后裔村，例如董家口、城子峪、板厂峪等。这些义乌兵后裔世代相传，时刻不忘戚家军戍边守城、保家卫国的民族精神，也不忘他们祖祖辈辈形成的勤俭家风和江南水土留下的饮食生活习惯，形成了独具特色的饮食文化。

第一节　板厂峪特色美食

一、柞椤叶饼

传说当年戚继光将军带来的江浙一带的军士们，从南方来到燕山戍守长城，到五月五端阳节时，想吃粽子。但是，一无糯米，二无竹叶，怎么办呢？他们看着板厂峪漫山遍野的柞椤树林（图 13-1）就产生了灵感：为何不用这种宽大的柞椤叶替代竹叶做粽子呢？

图 13-1　板厂峪漫山遍野的柞椤树林

梣椤：学名槲树，壳斗科落叶乔木，别名柞栎、橡树、青岗和金鸡树等，主要生长在中国北部地区。梣椤叶不但厚大，而且具有活血和利小便等药用价值，闻起来还有独特的清香味。于是，这些南方兵士反复试验，终于用这里漫山遍野的梣椤叶配以玉米淀粉浆和三鲜汤，做成了这种南方粽子＋北方饺子的特殊组合（图 13-2）。待其蒸煮之后，看起来像玻璃般嫩绿晶莹，吃起来清香可口，遂被称为“玻璃叶饼”，后来逐渐演化成“梣椤叶饼”。

图 13-2　板厂峪特色美食——梣椤叶饼

梣椤叶饼不但美味可口，还能够较长时间保存，便于携带，受到守城将士们的欢迎。历经一代代长城人的传承改良，流传至今已有 400 多年的历史，已成为长城沿线著名的地方特色美食，被评为秦皇岛市非物质文化遗产之一。现在，秦皇岛已经有了生产梣椤叶饼的食品厂，他们把各种海鲜做成馅料，古老的梣椤叶饼有了升级版，成了秦皇岛人的伴手礼，走向祖国各地，飞往世界。

二、摊黄儿

摊黄儿是一种长城脚下古老乡村有名的烙制食品（图 13-3），又名黄煎或黄儿。摊黄儿的原料为小米面、玉米面、糜子面、高粱面、荞麦面等，也可用小米

面、玉米面掺以少许白面的混合面粉。制作方法：取面粉适量，调为糊状。可发酵，亦可不发酵。发酵的松软，不发酵的筋道。并可根据不同食者的不同口味儿，酌加咸盐或白糖，以及其他佐料。烙制摊黄儿的鏊子俗称“黄儿鏊（ào）”或“鏊儿”，为生铁所铸，分鏊身与盖子两部分。鏊子底部铸有三只矮足，鏊身呈圆形，中间凸起，周边隆为楞圈儿状，鏊面光滑。盖子为覆碗状，盖顶有环或钮，便于揭扣。烙制时将鏊子置灶炉上，待鏊底烤热后，先涂以食用油，再倾入面糊儿，加盖烙蒸。摊黄儿要严格控制火量。火力不够，费时；火力太猛，摊黄儿易焦煳。烙蒸约两至三分钟后，鏊内水汽“滋滋”作响，表示摊黄儿已熟。此时取下盖子，用小铁铲将摊黄儿铲出，置于箅上降温，待稍凉后折叠成半圆形，即成。刚出鏊儿的摊黄儿，色泽焦黄，香甜可口，十分惹人喜爱。

图 13-3　板厂峪特色美食——摊黄儿及其专用锅具

三、继光饼

继光饼是守长城的义乌兵食用的一种玉米面加小米面、秫米面、栗子面（以下简称混合面）做成的锅贴（图 13-4）。具体的做法分两步：首先把混合面进行发酵，略加一些调料，例如糖、盐、五香粉等，同时在大铁锅里炖上肉菜，如肉炖豆角土豆，排骨炖粉条干西葫丝，汤略微多些；然后待面粉发酵好之后，揉匀，做成小剂子，拍薄成饼，饼的底面抹一点清水，贴在炖菜大锅紧挨着汤面的锅壁上，锅贴熟了之后出锅。继光饼焦黄酥脆，松软可口。

图 13-4　板厂峪特色美食——继光饼

四、小豆腐

小豆腐是北方民俗食品，它是将萝卜缨、荠菜、茼蒿、白菜、菠菜等蔬菜在锅里做熟，然后倒入泡软粉碎的各种豆子和花生，加水成糊，清嫩鲜香，很受欢迎（图 13-5）。板厂峪的小豆腐是将熟花生米和熟大豆用石磨加水磨制成糊，加入青菜，味道更为鲜美。现在小豆腐被列为当地特产，经常加入蛋清、虾肉丁、海参丁、扇贝柱等，档次上去了，也保留了山林长城的野味儿。

图 13-5　板厂峪特色美食——小豆腐

五、火山岩烤肉

修缮六眼楼时，倒塌的敌楼废墟中有几块面积较大而体型单薄的岩石，一面多为附着的黑灰，一面则油脂浸润，不用多想，这就是当年兵士使用的“烤肉石”。

那时，山林里鸟兽出没，溪流里虾蟹鱼凫，打野味只是举手之劳。守城将士们在闲暇无事的时候外出打猎，在小河旁把打来的猎物收拾干净，用盐酱调料腌上，在敌楼旁支起几块石头，把烤肉石稳稳地放在上面，拣些松树枝、老果木等放在下面点着火，肉块大小厚薄由之，平铺于烤肉石上，勤翻慢烤，轻烟细熏（图 13-6），先吃小块薄片儿，后吃大块方墩儿，再有几口小酒，大快朵颐，何不乐哉！

图 13-6　板厂峪特色美食——火山岩烤肉

六、焖子

“逢年过节吃饺子，不年不节吃焖子。”焖子是北方人，特别是长城边上的人经常吃的一种食品（图 13-7）。

图 13-7 板厂峪特色美食——炒焖子

吃焖子的方法很多，可以下火锅，可以放在炖菜里，但是这两种吃法焖子不可炖得时间太长。秦皇岛大街上有一道地方名吃叫炒焖子，切成小小的方块，用牙签扎着吃。焖子还可以配些素菜炒着吃，还能煎着吃，炸着吃。所以，焖子随时随地都能吃，都是一道菜。

板厂峪人做焖子，讲究的是肉香可口，筋道润滑。要做到这一点，必须要有好骨好高汤，好粉好配方。上好的猪骨小火炖，耐住性子才能熬出好高汤；好粉说的是要用当地产的红薯粉，纯净无杂质，做出的焖子才能筋道耐嚼；好配方说的是吃焖子时要有好的配酱佐料，才能吃出好滋味，吃得心情舒畅。

第二节 戚家军八大锅

板厂峪景区董事长许国华先生是戚家军许大洪的后代，多年来致力于长城保护、长城文化及戚继光精神的传播，被称为长城“土专家”。许国华多方探寻，结合本地食材特点和文化创意，与时俱进地推出“戚家军八大锅”系列特色菜品。这些菜品通过“夫妻恩爱”“戎马生涯”“家国情怀”和“长城功绩”四个部分

展示了民族英雄戚继光在夫妻相处、抗击倭寇、驱逐鞑靼和修筑长城等背后鲜为人知的故事，以纪念他的丰功伟绩。

一、鱼：一日三餐鱼

嘉靖二十四年（1545 年），戚继光十八岁，那年冬天，万户南溪王栋之女嫁到了戚家。戚家家道中落，生活贫苦，据《戚少保年谱耆编》记载："尝市一鱼，三斩待饪，朝进首，午进尾。问：'有余？'曰：'亡矣。'则以臑在腹而阴自奉，心嗛之。暮以鱼腹饈，家严色沮，曰：'子枵腹以望吾腹，甘苦可无同乎！'家慈曰：'妾佚君劳，君良妾苦，礼也。'乃心德内子，方诸孟光。深相敬让。"

译文：一天，戚继光在市场上买了一条鱼交给王氏。早上，王氏做了清蒸鱼头；中午，端上了红烧鱼尾；戚继光问夫人还有没有鱼，夫人说没有了。戚继光心想一定是夫人把鱼肚子给吃了！到了晚上，戚夫人把剁椒鱼腹端上桌的时候，戚继光脸红了，说："夫人宁愿自己饿着肚子，也要让我每顿都有鱼吃，我却把夫人想得那么不堪！"夫人却说："妾担心夫君太劳苦了，宁愿自己少吃点，也要让夫君多吃点！这也是夫妻之间的礼节！"从此，戚继光对夫人更加敬重！

戚继光夫妻相敬如宾，便有了这道"一日三餐鱼"（图 13-8）。

图 13-8　戚家军八大锅之"夫妻恩爱"系列：一日三餐鱼和惧内夫煮鸡

二、鸡：惧内夫煮鸡

戚夫人，将门虎女，野史上说她"威猛，晓畅军机，常分麾佐公成功"。戚将军是有名的“怕老婆”。一次，戚继光架不住部下的怂恿，趁夫人午睡之时拿着宝剑，大喊一声冲入寝室，想吓唬一下王氏，以显示自己的厉害。王氏被吵醒，吼道：“你拿着宝剑大喊大叫，要干啥？”戚将军吓得一哆嗦，急中生智道：“我想给夫人杀只鸡补补。”夫人一听，倒头又睡，甩了一句“以后杀鸡不要大喊大叫的”，戚继光连连称“是”。从此，便有了这道“惧内夫煮鸡”（图 13-8）。

三、羊：少保鞑靼羊

戚继光任蓟镇总兵后，长城修得坚固，又练出了一只精锐骁勇的戚家军，保证了十多年边境无事的和平景象。戚继光被朝廷加封“少保”。隆庆年间与北方蒙古部落议和通商，草原的优质肥羊进入关内，成为上美佳肴。当地百姓做了一道“少保鞑靼羊”，以纪念戚将军驱除鞑靼和守卫边疆的丰功伟绩（图 13-9）。

四、汤：狼藤鸳鸯阵

戚继光在一生征战中，发明或改良了很多兵器和战法。他在唐顺之“鸳鸯阵”的基础上，以 11 人为一队并配以专用兵器，推演出灵活机动的“两仪阵”和“三才阵”，有效地抑制了倭寇“一字长蛇阵”的发挥，屡战屡捷，体现了戚继光的军事智谋。当地百姓为纪念鸳鸯阵的奥妙，做出了这道“狼藤鸳鸯阵”：11 粒丸子代表士兵，两只大虾似鸳鸯，萝卜丝代表藤牌，竹笋代表狼筅，辅以山泉水小火慢炖，汤鲜味美（图 13-9）。

图 13-9 戚家军八大锅之“戎马生涯”系列：少保鞑靼羊和狼藤鸳鸯阵

五、猪：南塘回味豚

南塘，是戚继光将军的号，常有人以南塘将、南塘先生来称呼戚继光。有时，戚将军思念东南沿海的生活，伙夫看出了将军的心思，就做了江浙一带的红烧肉，让将军回忆当年的味道。因为江浙一带把“猪”也叫“豚”，所以给这道菜取名“南塘回味豚”（图 13-10）。

六、豆腐：东浆点白水

板厂峪地处燕山山脉东段南缘，村北是亿年火山群，属火山岩地质，泉水富含矿物质，喝起来甘甜冷冽，其中以东沟的水质最佳。当地流传的一句顺口溜：“东沟豆腐上园茶，喝点小酒不想家”，既反映出戚家军舍小家为大家，来到北疆守卫长城的思乡之情，也从侧面反映了东沟的优良水质，用其做出来的豆腐别有一番风味，被称为“东浆点白水”（图 13-10）。

图 13-10　戚家军八大锅之“家国情怀”系列：南塘回味豚和东浆点白水

七、凉菜：长城六绝

板厂峪特殊的火山地质地貌背景和丰富的长城资源相得益彰，形成独具特色的火山长城、标本长城、倒挂长城、旗帜长城、北齐长城和京东第一楼等六大长城奇观，被称为“长城六绝”。板厂峪百姓为纪念以戚继光为代表的先辈修建的这六大长城奇观，精选当地山野菜、酱盐豆、地里红、酱肉肘、酱牛肉和辣拌金针菇等形成六道特色凉菜组合，取名为“长城六绝”（图 13-11）。

八、主食：长城四防

在板厂峪长城外侧，有一个由各种工事环环相扣形成的防御体系，其中以羊马墙、品坑、壕沟和偏坡为主要组成部分，被称为“长城四防”。本地百姓精选具有当地特色的继光饼、八宝饭、蒸饺和柠椤叶饼为主食，与“长城四防”相呼应（图 13-11），寓意饮食与长城防御体系一样，主食与副食要相互配合，达到营养均衡才能保证身体健康。

图 13-11　戚家军八大锅之“长城功绩”系列：长城六绝和长城四防

第十四章　板厂峪自然奇观

板厂峪独特的地质构造演化历史和地形地貌格局造就了石灰岩溶洞、亿年古火山口、奇石、瀑布、云海和雾凇等众多的自然奇观，它们与巍巍长城相映成趣，相得益彰，构成了一幅美不胜收的画卷。

第一节　灵仙洞中斑鬣狗化石群

一、灵仙洞中的重大发现

灵仙洞，是一座尘封了不知有多少时光的天然石灰岩溶洞，常年被淤泥封堵，洞口十分狭小，村里几辈人也没有谁进去过（图 14-1）。2003 年，在修整板厂峪景区道路时，发现一只獾钻进了这座古洞。村民们在洞口点燃了柴草，想用烟熏的办法逼出这只獾，没料到袅袅青烟却从高高的长城敌楼底下冒了出来。

图 14-1　灵仙洞洞口

难道这个洞还和长城相连？许国华闪现出一个大胆的构思：打开这个洞，让游客进洞登顶看长城。2006 年，他组织人力对古洞进行发掘。快到年底的时候，奇迹出现了：洞中出土了几个动物的头骨化石，这些化石牙齿粗大尖利，光洁白亮，有的牙齿长四五厘米。

2007 年 1 月 11 日，许国华和秦皇岛日报社的记者姜涛带着化石，来到中科院古脊椎动物和古人类研究所，向专家们寻求帮助。看到化石，专家们的眼睛发亮了，中科院院士邱占祥连说："好！好！好！"他一眼就断定出这正是亚欧大陆最后灭绝的斑鬣狗的头骨化石！这种斑鬣狗有一个非常悲催的名字：最后斑鬣狗！灭绝成为化石，就是亚欧大陆上这种最后斑鬣狗的最后归宿。

中科院古脊椎动物和古人类研究所指派刘金毅博士率队，到灵仙洞实地考察，作周密计划后，开始这次意义重大的发掘。经过发掘，灵仙洞的斑鬣狗化石群完成了两个惊世之举：

一是庞大的数量。在此之前，斑鬣狗化石最富集的地方在欧洲，欧洲有一个祖利森溶洞（Zoolithe Cave），出土了 206 件标本，至少代表了 19 个不同的个体，就被认为代表了一个庞大的斑鬣狗居群。而在灵仙洞，标本数达到近千个，至少代表了 30 个不同的个体，不仅超过了祖利森溶洞，更是远超著名的英国科戴尔溶洞（Kirkdale Cave）、奥地利图凡斯拉肯溶洞（Teufelslucken Cave）、德国卢森贝克溶洞（Resenbeck Cave）。可见，灵仙洞斑鬣狗化石群是何其庞大，何其惊人。

二是世界上最完整的斑鬣狗化石骨架。此次共出土了三具斑鬣狗骨架（图 14-2），其中骨架 I 是世界上迄今所发现的最完整的一具，近乎保留了所有的骨骼，甚至还包括整套的腕、跗骨、籽骨和指骨。各部分的骨骼关节仍保持相连，仿佛是精心制作的一个现生标本骨架，这是极其罕见的。须知斑鬣狗具有同类相残甚至是兄弟相残的行为特性，死后的遗骨会遭受同类的腐食破坏。对斑鬣狗群族而言，身上没有任何被撕咬伤害的痕迹，是非常难得的。

专家推论，可能是洪水或泥石流突然涌进，斑鬣狗瞬间死亡，没有躲避奔跑和挣扎，没有较远距离搬运，原地掩埋，死前未受伤害，死后未受惊扰，才留下这万全之身。这只完整的斑鬣狗骨架化石，可遇而不可求，真乃"稀世珍宝"。板厂峪长城文化展馆已将灵仙洞斑鬣狗骨架化石定为本馆的镇馆之宝，可谓实至名归。

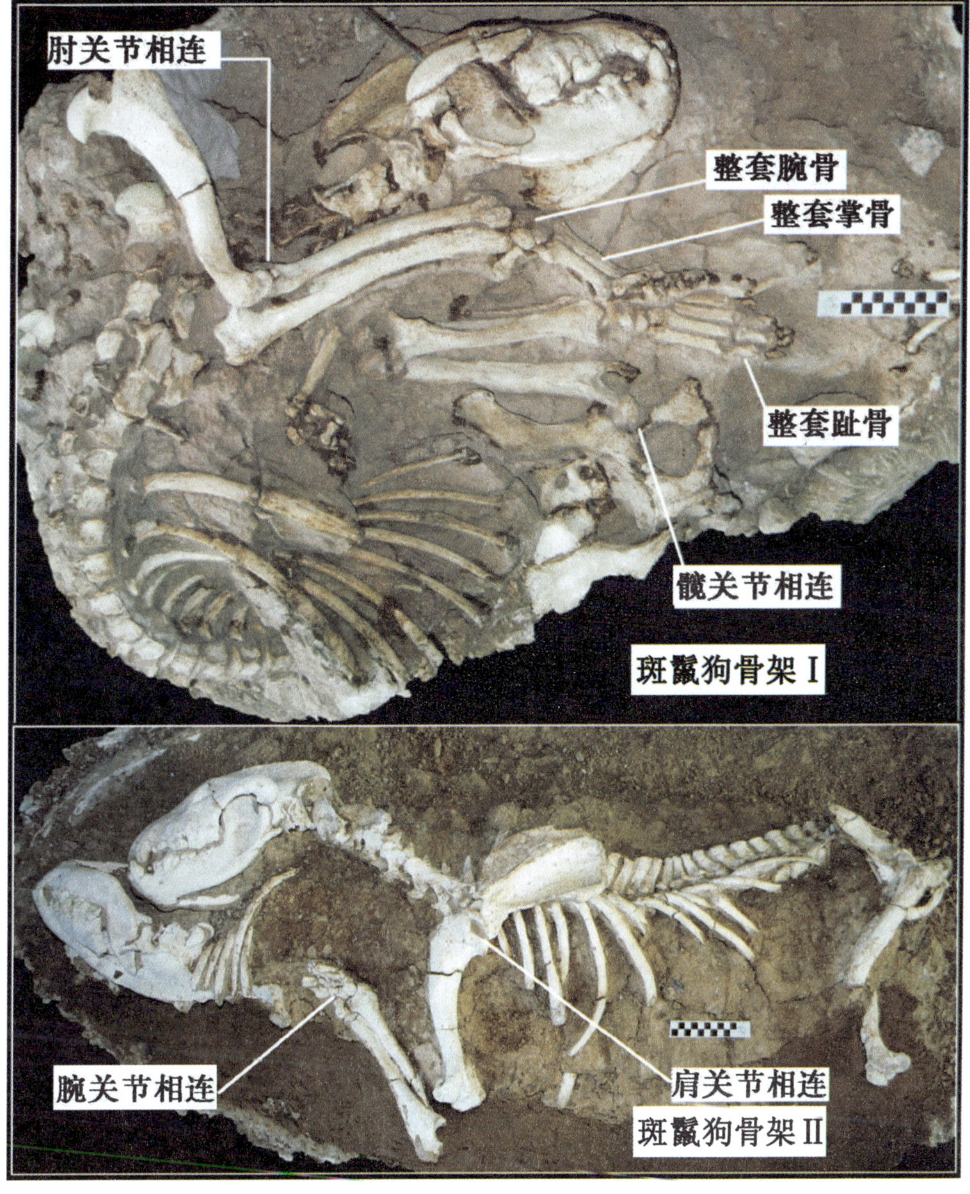

图 14-2　灵仙洞出土的完整斑鬣狗化石骨架（据刘金毅等，2015）

斑鬣狗这种草原上仅次于狮群的强大肉食动物，从距今三万年开始，和猛犸象、剑齿虎等多种哺乳动物一起，在亚欧大陆陆续灭绝。这次在灵仙洞发掘斑鬣狗化石的同时，还发现了大量的犀牛、马鹿、狼、豪猪等动物化石，对研究地球上的生物演化史和那次世界性的绝灭具有重大的价值（图 14-3）。

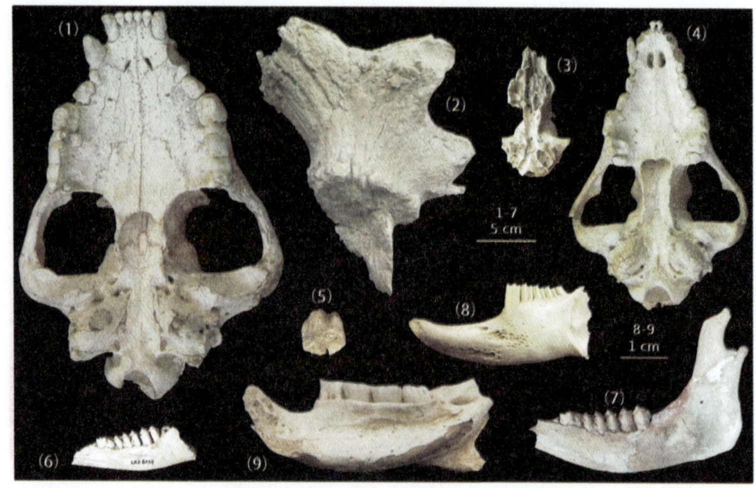

图 14-3　板厂峪灵仙洞部分哺乳类动物化石照片（据刘金毅等，2015）

（1）最后斑鬣狗头骨腹面视；（2）马鹿残破左角；（3）沙狐头骨，腹面视；（4）狼头骨，腹面视；（5）梅氏犀右，舌侧视；（6）幼年马鹿左下颌骨，唇侧视；（7）马鹿左下颌骨，唇侧视；（8）草兔左下颌骨，唇侧视；（9）马来豪猪右下颌骨

灵仙洞斑鬣狗化石群，传递了来自远古时代特有的生命密码，中科院的院士们说，这个发现将引起世界性的关注。

二、斑鬣狗不是狗

斑鬣狗长得像狗，但它真的不是狗。人以群分，物以类聚，认识地球上的万事万物，最重要的方法莫过于分类。

动植物的分类系统是七个字：界、门、纲、目、科、属、种。在板厂峪灵仙洞发现的斑鬣狗在动物分类表上的位置是：动物界，脊索动物门，哺乳纲，食肉目，猫型总科，鬣狗科，斑鬣狗属，最后斑鬣狗种（Crocuta Ultima）。

哺乳动物的食肉目分为两大阵营：猫型总科和犬型总科。猫型总科下设猫科、灵猫科、鬣狗科和獴科。鬣狗科之下有四个属：斑鬣狗属、棕鬣狗属、缟鬣狗属、土狼属。猫型总科的大多数动物皮毛常有斑点或者条纹，舌头粗糙有刺，爪甲可以伸缩，吻部较短，头看起来更圆，有触须。斑鬣狗符合这些条件，与狮、虎、豹、猫，都属于猫型总科，和獴科的血缘关系更近一些（图 14-4）。

食肉目					
裂脚亚目				鳍脚亚目	
猫型总科		犬型总科		鳍脚总科	
猫科	灵猫科	犬科	熊科	海象科	海狮科
獴科	鬣狗科	浣熊科	鼬科	海豹科	

斑鬣狗
棕鬣狗
缟鬣狗
土　狼

哦，原来斑鬣狗属于猫型总科！

图 14-4　斑鬣狗种属分类表

犬型动物却很少具有这些特点。但是，凡事都有例外。例如：食肉目犬型亚目的大熊猫，基本吃的是植物，身上也有斑点。而北极熊、阿拉斯加熊、狼也都是非常强大的猛兽。史前，斑鬣狗的分布比较广泛，亚欧大陆很多地方都能见到它的身影，现在仅限于非洲。

斑鬣狗是不折不扣的大型食肉动物，体长 95~160 厘米，成年雄性斑鬣狗平均体重 67 千克，雌性 70~90 千克。它个头比狼大，甚至不逊色于大多数的豹。斑鬣狗的咬合力比狮子还要强，可以直接咬断非洲野牛的腿骨。斑鬣狗是群体生活的动物，是以一只成年雌性斑鬣狗为首领的非常严密的社会组织。每群约有 80 只，大的斑鬣狗群比狼群的规模还大。数量足够的斑鬣狗群，在和狮群、象群搏斗抗衡的时候，不落下风，是一种非常可怕的掠食者。斑鬣狗群的制胜法宝是“死缠烂打，穷追不舍，以多胜少，撕扯乱咬”。斑鬣狗饭量极大，体力极好，不知疲惫。被捕猎的动物，连皮带骨全部吃掉。斑鬣狗长途追袭象群，大象也会体力不支，摔倒在地，成了斑鬣狗群的一顿大餐（图 14-5）。善于奔跑的草原斑马，也抵不住斑鬣狗群的穷追撕咬。双拳难敌四手，何况对手是斑鬣狗群！草原之王狮子在斑鬣狗群的面前，也得甘拜下风。

图 14-5 现代非洲的斑鬣狗及其捕猎场面（图片来自网络）

三、斑鬣狗为什么还叫狗

经常有学生或者游客问我们，既然斑鬣狗不是狗，为什么还叫狗啊？这是因为斑鬣狗这个名字不是爱称，而是一个蔑称、贬称。

第一，颜值不高。猫型总科的动物皮毛柔顺，色彩光鲜，长得都非常漂亮非常帅，狮、虎、豹、猫，无花纹的尊贵，有花纹的美丽。斑鬣狗则不然，皮毛乱七八糟，歪斜戗茬。身上的斑点乱七八糟，杂乱无章，怎么看都不顺眼。

第二，体形不美。大多数的动物身体比例合理，动作协调，狮行虎步，猫腾豹跃，人们欣赏时，是一种美的享受。而斑鬣狗前身长，后身短，行走时左摇右摆，奔跑时前拧后扭，十分难看。

第三，唱功不好。狮吼虎啸让人喜欢，而斑鬣狗的叫声却如同鬼哭妖嚎，令人毛骨悚然。2007 年有一份研究报告描述：研究人员通过声学分析，发现斑鬣狗的叫喊声音有十多种，各自含义不同，它的年龄、个头大小、社会地位等基本信息都能在叫喊中得以体现，就像它的个人身份证一样，标志着群体交流的复杂化和精细化，是一种进化。斑鬣狗以复杂的叫声传递信息，让斑鬣狗在激烈的竞争

环境中处于十分有利的地位。缺点只是太难听了。

第四，吃相难看。大家都知道，吃相反映素质，影响评价。斑鬣狗抓到猎物，不是先夺其性命，然后再吃，而是活着吃，逮哪儿啃哪儿，十分残忍。而且，连皮带肉，连骨带渣，一扫而光。它还吃腐肉臭肉，连死尸都吃，甚至自己的同类、父母双亲、兄弟姐妹的尸体都不放过。这样的吃相实在是让人嗤之以鼻。

第五，行为恶劣。斑鬣狗具有极强的捕获能力，又是团队作战，最少五六只，多则上百只，仗着狗多势众，从辛苦奔波的草原之王狮子的口中抢走猎物，不劳而获。它还经常动用掏肛、咬蛋蛋等下三烂的手段，胜之不武。

被称为“草原二哥”的斑鬣狗，对保护非洲草原、维系生态平衡，作出了不可替代的重要贡献。本来，丛林法则，胜者为王，无是非可言。但是人类把自己也未必都能做到的“文明礼仪”用来衡量动物世界的是非优劣，对斑鬣狗予以蔑视贬斥，称之为狗，实在是有点过分了。可是，众唾难违，也就沿用至今了。

四、灵仙洞是一座石灰岩溶洞

灵仙洞地处燕山山脉东段柳江盆地的北缘。组成灵仙洞的岩石是白云质灰岩，形成于距今4.4亿年前的古生代奥陶纪。漫长悠久的历史，寒暑岁月的煎熬，各种地质作用的摧残，让柳江盆地到处留下了断层、褶皱及断裂、裂隙等破裂构造，它们都是地下水流动、储存的空间。柳江盆地内的石灰岩和白云岩分布区，就有许多大小不同、形态各异的溶洞。溶洞能够遮风避雨，阻挡严寒，成为动物，也包括古人类的栖息地，埋藏了许多珍贵的化石。

灵仙洞洞口面向东北，溶洞向东北—西南方向延伸（图14-6），其海拔高于老君顶附近的大石河水面约60米。已经发掘、清理淤泥的长度约有120米，有3个较小的支洞。主洞高约5米、宽约2米。进洞60米之后，出现大小不一的厅，最大的厅宽度约12米，高度约20米。洞顶可见少量的细小石钟乳、石笋和鹅管。

灵仙洞属于岩溶地貌，是一个多层溶洞，至少分为3层。被发掘的洞穴，也就是我们走进的这个洞穴，居于中间一层。

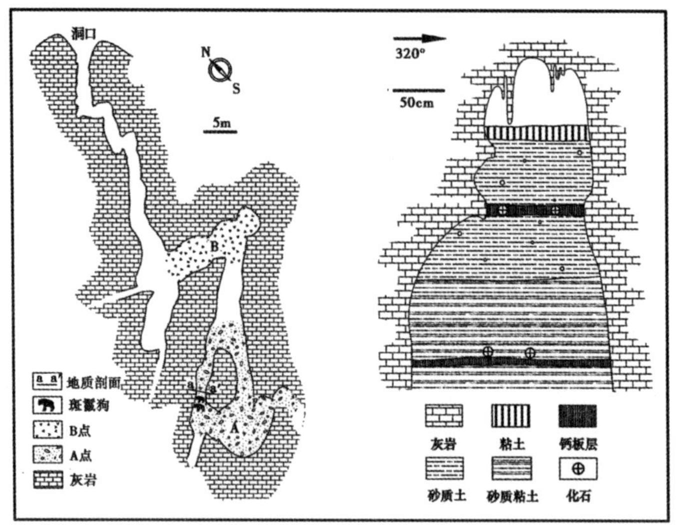

图 14-6　灵仙洞平面图（左）和 a-a’处地质剖面图（据刘金毅等，2015）

岩溶地貌，也叫喀斯特地貌，是地下水、地表水在二氧化碳的参与下，对碳酸盐岩类岩石发生溶蚀作用而形成的一种特殊地貌。岩溶地貌景观，是重要的旅游资源。桂林山水、云南石林、贵州织金洞、广州肇庆星湖、北京石花洞、野三坡鱼谷洞、本溪水洞这些著名的旅游区，都是岩溶地貌形成的山水风光。在柳江盆地石灰岩分布的地区，例如程庄、东部落、沙河寨象鼻山、砂锅店、亮甲山、楸子峪、拿子峪、山羊寨、柳观峪等地，就能看到垂直溶洞和水平溶洞。

如果石灰岩溶洞分布在距离河流不远的高地之上，就容易被古人类或古动物选作自己的栖身之地。例如北京房山周口店龙骨山的猿人洞和山顶洞。柳江盆地的山羊寨、程庄、李庄、板厂峪村的溶洞里，都发现了重要的古脊椎动物的化石。

第二节　亿年古火山口——石简峡

从杨来楼，继续向北约 2 千米，就来到一处峡谷，叫作石简峡（图 14-7）。介绍这里的导游词是这样说的：来到板厂峪，走到一个地方，能让你侧身仰望，脱口喊出一句：哎呀！我的妈呀！这儿就是石简峡。石简峡壁立千尺，直上直下，由一根根见棱见方的石柱组成，它们刀砍斧剁一般整齐地竖直排列，犹如一卷展开的中国古代竹简，这条峡谷因此得名“石简峡”。

图 14-7　石简峡

石简峡是怎样形成的呢？这里的岩石是在距今 1.4 亿年的侏罗纪末期形成的火山岩，这些直立石柱就是判断火山口的重要标志（图 14-8）。石柱来自火山熔岩冷却和均匀收缩形成的柱状节理。“节理”是地质专业的行话，我们把“节理”理解为“裂隙”就可以了。

成分比较均匀的岩浆在喷出地表后，温度快速降到熔点以下导致迅速冷凝成岩石，使得其内部的热量没有得到充分的释放。这些岩石在随后的缓慢冷却过程中，其内部的热量有两种扩散的方式：一是由下往上逐步扩散，二是由中间向四周逐步扩散。随着温度的逐步散失，岩石也随之向相反的方向发生冷却收缩，即从上向下收缩，从外向内收缩，形成了众多的柱状的收缩中心，柱状之间的裂隙也随之形成。如著名的北爱尔兰“巨人大道”和美国怀俄明州“魔鬼塔”等。

在现实条件下，这些柱状节理的形状还会受到岩石化学成分、冷却速度和地质构造运动等多种因素的制约，往往形成不规则的六边形石柱，甚至是不规则五边形及四边形等形状的石柱。石简峡的石柱就是不太规则的四边形石柱，板厂峪也有许多地方分布着很规则的四边形石柱。

图 14-8　石简峡冬日景色及石柱形成示意图

在我国，新生代火山口保存比较完好，观赏性较强，如著名的“五大连池”直到 1721 年才最终形成，至今只有 300 年。但是石简峡古火山口是中生代侏罗纪时候形成的，距今 1.4 亿年。那个时代的火山口能完整地保存下来的太少了，而被发现并具有可观赏性的就更为罕见了。女地质学家曲以秀教授用诗一般的语言为石简峡写了一段评语：

古火山口的存在，不是奇迹，

而经历了一亿多年，基本保存完整，才是真正的奇迹！

第三节　精美的石头会唱歌

板厂峪的岩石主要由各种类型的火山岩组成。火山喷发出来的碎屑物质降落地表之后，在冷却的过程中逐渐成岩，称为火山碎屑岩。火山碎屑岩依照碎屑颗粒的大小，又可以进行如下划分：颗粒粒径小于 2 毫米的，叫作火山凝灰岩；在 2~64 毫米的，叫作火山角砾岩；大于 64 毫米的，叫作火山集块岩。一些位于地表的火山碎屑岩没有经过长时间的高压，比较疏松，容易破碎，容易遭受风化剥蚀。在火山碎屑岩地区，经常可以见到一些奇形怪状的岩石，也经常见到裂隙和洞穴，让我们为大自然的杰作感到惊叹。

一、仰望星空

在板厂峪山庄（酒店）的东南方，有座狭长的山峰，因其山脊狭窄，恰似一道墙壁，故得名“半壁山”。从西北望去，它很像一位巨人在仰望星空（图 14-9），渴望着和谐清净的大自然：

饱经日月沧桑，曾经绿水青山，如今忧心忡忡，怎不思绪翩翩？

静静地思考，仰望苍天，有很多梦想，有很多心愿：

愿天蓝蓝，水蓝蓝，森林茂密，鸟语花香，汩汩清泉，

还我清净和谐大自然。

图 14-9　板厂峪奇石：仰望星空

二、雄狮回首

在板厂峪山庄（酒店）西北方的山坡上，有一尊独立成石的巨石，被称为板厂峪第一石，酷似雄狮，体格庞大，回首北望，凝视高山上的长城（图 14-10）。在中华传统文化中，狮是保护神，是吉祥物，是富有神力的灵兽。狮是自由、勇猛、力量、胜利、忠诚的化身，寓意着一往无前的精神。狮是草原上的霸主，拥有统领团队、顽强奋斗、坚持不懈的精神，始终保持饱满旺盛的干劲，有万难不屈的毅力、敢打能赢的决心。所有这一切，都和长城精神毫无二致。

图 14-10　板厂峪奇石：雄狮回首

三、神龟下蛋

盘山路上可见一块巨石（图 14-11），形似乌龟，被称为“神龟下蛋”。组成它的岩石是火山碎屑岩，亿万年的风风雨雨把它的背部磨得圆圆的、光光的，小尾巴的地方长了几根小松树，屁股翘起来，底下还有一颗不大不小刚合适的石头，像是刚刚下了一个蛋。头转回来，挤着眼睛咧着嘴，挺骄傲地向游客说：“我下蛋了！”神龟下蛋是一个象形石，是几个形态不同、大小不一的石头和小树组合在一起，精准对接，演出一台饶有生活情趣的喜剧。

图 14-11　神龟下蛋

远观神龟下蛋石，又像是一只遥望大海的神龟，在云雾缭绕的半壁山的衬托下显得更加灵气十足（图 14-12）。

图 14-12　板厂峪奇石：神龟下蛋与仰望星空

四、风动猿人头

板厂峪山庄北侧有一块巨石，很像远古时期的猿人头（图 14-13），宽阔的额头，两眼凝视远方，大风吹动着他的头发，特别是嘴里的那颗门牙，惟妙惟肖，形似神似，妙不可言。这个猿人头，由火山凝灰岩形成，是大自然的杰作。为什么又叫风动猿人头呢？因为只要轻轻推一推这块巨大的岩石，就能微微地摆动，所以叫作风动猿人头。“推推猿人头，幸福心中留”，大家都可以来试一试。

图 14-13　板厂峪奇石：风动猿人头

五、大拇哥

过了风动猿人头巨石，沿着山路继续向北，可见悬崖边有一孤立于山体的孤峰独柱（图 14-14），形似正在点赞的大拇指，被称为“大拇哥”。它是怎么形成的呢？组成大拇哥的岩石，是中生代侏罗纪晚期的火山凝灰岩。一层层的凝灰岩软硬程度不同，还有许多垂直方向的裂隙，持续的差异风化，使裂隙不断扩大，直至出现崩解坍塌。这个大拇哥周围的岩石都崩塌了，偏偏留下它自己，再加上大自然鬼斧神工的雕琢，就成了今天这个惟妙惟肖的大拇哥。

图 14-14　板厂峪奇石：大拇哥

六、一线天

过了大拇哥，继续前行，可见几条狭窄的山缝，其两侧岩壁对峙，从下而上，上则通天，其宽度一般在 1~2 米之内，最窄处仅可容人侧身穿过，这便是我国名山奇峰中常有的石景——一线天（图 14-15）。这是在火山爆发的时候，岩浆通道周边爆炸，大量的岩石碎屑形成“火山碎屑岩流”喷出地表，堆积成为火山碎屑岩，在冷却过程中体积缩小，形成垂直节理（裂隙）。天长日久，大气降水从裂隙渗入，裂隙中水的体积，随着温度变化也会发生剧烈的变化，例如结冰时体积增大，同时，物理风化和化学风化也在不断进行，这样，裂隙就会越来越大，终于上下贯通形成“一线天”。总之，一线天的形成机制大致有三种：

一为原生节理型，多由岩浆岩侵入或喷出，降温时体积缩小形成垂直节理（裂隙），而后裂隙逐渐加大；

二为断层型，两侧岩壁之间产生错动，中间遭受巨大的压力而破坏，然后经受流水侵蚀，岩壁之间的距离日益加大；

三为差异风化型，两侧岩壁接触处存在着另一种岩石，例如岩墙，比较容易风化，形成两边突兀、中间凹下的特殊地形。

板厂峪的一线天产生在火山碎屑岩之中（图 14-15）。摄影家在拍摄这张照片时，作了很好的处理。有一位女孩，用她窈窕的身躯丈量着两侧岩壁之间的距离。她的左手高高举起，指向西北角长城的“尤家楼”，也称“大尖楼”，是南段倒挂长城的顶端。从一线天往西北看，倒挂长城在呼唤我们！

图 14-15　板厂峪奇石：一线天

七、天女散花

在一线天的石壁上，浅浅的底色上，仿佛镶嵌着一朵朵粉红色的花朵，得名天女散花（图 14-16）。这些岩石叫作火山集块岩。1.4 亿年前，地下的岩浆活动非常强烈，地表到处都是火山喷发的壮烈景象。炽热的岩浆从火山口喷射而出，把火山口附近的岩石连同尚未完全凝固的岩浆一次次炸裂成大量的大小不一的石块，它们混合着岩浆和火山灰被一次次抛上天空然后四散飘落。根据重量或尺寸的不同，这些石块和火山灰的飘落位置会随着距离火山口远近呈现有规律的变化，离火山口越近，大尺寸石块的含量越大；离火山口越远，细粒的火山灰含量越高。最终从火山口向外形成了火山集块岩→火山角砾岩→火山凝灰岩的排列组合。当所有这一切都渐渐冷凝之后，就形成了眼前这由大小不同、颜色不同、种类不同的石块镶嵌在一起的火山集块岩。这些美丽的岩石，用大自然留在它身上的花纹印记，回忆着那一段永远也不能忘怀的激情燃烧的岁月。由于这些岩石看起来就像从天上散落的花朵，所以，这块岩石就被称为天女散花。

图 14-16　板厂峪奇石：天女散花

八、星星点灯

板厂峪的一线天有很多条。站在最北侧“一线天”的狭长裂缝里，抬头仰望天空，可见这条石缝还没有完全上下贯通，在洞口上面卡着几个巨大的石块。这是大自然随意堆砌的几块石头，留下了一片光亮，站在一个特殊的角度看，竟然是一个漂漂亮亮的五角星（图 14-17）！有人为它起了一个名字叫“星星点灯”，并为它写了一首诗：

透过通天石缝，仰望苍穹，
走过漫漫长夜，寻找光明。
你就是苍穹，你就是光明，
给我们带来兴奋惊喜的星。
怎能不感叹大自然的神奇，
威力无边，而又细腻如丝。
无数个偶合造就一段必然，
星星点灯，点缀山水风情。

图 14-17　板厂峪奇石：星星点灯

第四节　云蒸霞蔚展雄姿

板厂峪属于火山岩地貌，沟壑纵横，怪石点缀，山脊之上有长城盘桓，加上树木茂盛，花团锦簇，云海雾凇，朝阳晚霞，映照有致。中国著名长城摄影家陈长芬老师看到山形多变、走势优美的板厂峪长城后大加赞赏，称其是雄伟长城中最美的一段。如今，板厂峪长城与箭扣长城、金山岭长城和司马台长城一起被称为京东长城“四大最美摄影基地”。

一、板厂峪云海

云海是山区常见的气象景观，是在适宜的空气湿度和风速下形成的云层，其云顶高度低于山顶高度，站在山顶的人们俯视云层，如同海浪翻滚，波涛起伏，奔流浩荡，蔚然壮观。古人亦称之为“仙气凝萃，兜锦世界”。在板厂峪，就经常出现云海奇观，摄影师们争相光顾（图 14-18）。

图 14-18　板厂峪云海与半壁山

板厂峪云海的形成和其独特的地形有关，尤其在夏季，南部狭长的山谷使得东南湿润的气流可以贴着地面长驱直入，但随着北部地势的不断抬升和气温的逐渐下降，这些水汽不得不凝结成云团随风飘移（图 14-19）。当站在山顶俯视时，这些云团连接成片，一座座山峰点缀其中，引人入胜。

图 14-19 板厂峪西沟云海

摄影师们为了拍到云雾缭绕的长城景观，真可谓煞费苦心，常常拜托板厂峪的村民给他们提供气象消息。时间久了，很多村民也练就了“夜观天象”和“预测风云”的绝活儿，成为摄影师们的“消息树”。

一旦收到“明天一早有云雾”的消息，敬业的摄影师们便会收拾行装连夜上山，带着帐篷驻扎在敌楼里，一边望着布满历史沧桑的长城，一边遥思古代戍守长城将士的边关生活，一边静待拍摄云海胜景的最佳时机。

然而，即使有帐篷和各种现代高科技装备傍身，要想在敌楼里度过一晚也并非易事。常常在夜晚时分，天上的星星眨着眼睛俯视着长城，一轮明月高高升起，照在这长城之巅，城墙上白茫茫的一片。夜给了长城这个雄伟的汉子一颗柔软的心，月亮越来越明亮，长城越来越宁静，它在甜蜜的微笑中入梦了。突然！一道闪电，一声惊雷，惊醒了梦中的长城，风怒吼着席卷而来，在山谷里咆哮着，想要撕碎阻挡它的一切。风左突右进，雷电也来给它助阵，一时间雷鸣电闪，风雨大作，而敌楼沉着应战，风雨不动安如山！风雨无奈在敌楼里兜了一个圈儿，一声口哨，离开了敌楼，冲向了另一座山峰。

天刚蒙蒙亮，经过一夜风雨的洗礼，整个板厂峪都是云雾缭绕，山峰若隐若现，更加显得钟灵毓秀，灵气十足。近处的长城隐蔽在云里，远处的城楼露出了尖尖角，如同海上的仙山漂浮不定（图 14-20、图 14-21）。

图 14-20　云海中的西线长城

图 14-21　云海中的母亲山与京东第一楼

天越来越亮，东方朝霞初现，茫茫云海也随风飘荡，风起云涌，山体轮廓逐渐清晰起来，犹如天地混沌初开的样子。随着云雾慢慢散开，盘桓在山巅的长城敌楼也渐渐露出了真容，而长城的主体部分还藏在云雾中，这时的长城看起来，犹如一条巨龙驾着七彩祥云在空中游弋（图 14-22、图 14-23）。

图 14-22　云海中的京东第一楼

图 14-23　云海中的西北角长城南端

二、板厂峪雾凇

2020年腊月十九一大早，本书编写团队到板厂峪考察西北角长城。在开始登山的时候，虽然太阳躲在云层里，但天空并不阴沉。可一到半山腰，云雾就变得越来越厚，在接近杨来楼西边的敌楼时，突然发现山路两旁的树枝草梗上“忽如一夜春风来，千树万树梨花开”。心里顿时冒出一个疑问：“难道下雪了？”但仔细看去，发现它们非雪非霜非冻雨，而是细微的白色冰晶附着在树枝下形成的雾凇！原来我们遇到了难得一见的雾凇奇观（图14-24）。

图 14-24　板厂峪长城的雾凇奇观

雾凇，俗称树挂，由细小的乳白色冰晶松散堆积而成，严寒的冬季，空气中过饱和的水汽在低于0℃的树枝草梗或其他物体表面不断凝华而成，即空气中的雾滴不经过液态水而直接凝华成固态的雾凇层或雾凇沉积物（图14-24）。

雾凇是难得一见的自然奇观，它形成的条件非常苛刻：第一，气温要足够低，

至少零度以下；第二，空气中水汽足够大，但不能形成降雨或降雪；第三，可供附着的物体也要低于零度以确保凝结的冰晶不被融化，通常是摇曳在空中的树枝和草梗才能满足这个条件；第四，风速足够小或者无风，大风是雾凇的天敌，它总能把结构松散的冰晶吹散。这些看似相互矛盾的自然因素环绕着长城巧妙叠加，形成了玉树琼花般的雾凇，为雄浑的长城增添了一份宁静（图 14-25、图 14-26）。

图 14-25　雾凇中的 246 号敌楼

图 14-26　雾凇中的 249 号敌楼

雾凇沆砀，能见度只有20米左右，我们一边欣赏雾凇美景，一边沿着长城继续前行。翻过据险而建的京东第一楼，在茫茫雾气中竟也一时找不到下山的路了（图14-27）。虽然这里修了方便下山的铁栏杆——“截云梯”和“过云梯”，但即使在晴天，要从这里下去，也需要手脚并用，小心翼翼，何况如今有了雾凇的“加持”，这里变得更加湿滑了。尽管戴着手套，扶着铁栏杆的手还是感觉到了一股透心凉，大家开玩笑说：“在这里进行舔铁挑战赛，肯定能把舌头粘得牢牢的！”

图14-27　板厂峪长城的雾凇美景

穿过母亲山峡谷之后，爬到更为险要的倒挂长城和单边长城，天空越来越暗，风雪扑面而来，竟有点痛痛的感觉。仔细看看，它们不是雪花，而是一个个白色的小冰球，原来不是下雪，而是下霰了。霰又称雪丸或软雹，是高空中的水蒸气遇到冷空气直接冷凝而成的小冰粒，呈白色不透明球形或圆锥形，直径2~5毫米，落在长城砖等硬物上还能轻轻反弹起来，像极了大珠小珠落玉盘的样子。

原本就险峻无比的倒挂长城和单边长城，在茫茫雾气中若隐若现，显得更加气势雄伟，巍峨壮观（图 14-28）。落在地面上的霰凝结成薄薄的冰层，湿滑无比，我们也只能就近下山了。虽然未能完成既定的考察任务，但巧遇了这非冰非雪、似霜似花的雾凇与巍巍长城相得益彰的奇观，也不虚此行了：

登长城遇雾凇

巍巍长城挂悬崖，
皑皑玉树伴琼花。
茫茫曲径通幽处，
青青子衿诵韶华。

图 14-28　雾凇中的单边长城与敌楼

三、板厂峪日出

日出日落，是大自然美学的永恒主题。在山区看日出和在大海边不一样。海不扬波，气象平和，气势磅礴，色彩缤纷，是海上日出给人最大的感受。观看海上日出的地点一般也不是很高，因此，云彩遮挡是经常会发生的事。夏季在海边看日出，常因看不到日出而抱憾。古人说：文似看山喜不平。山区看日出的美感在于起伏跌宕，如诗如戏，有情节，有韵味儿，让人浮想联翩。同时，看日出的地点可以选择较高的山峰，一览众山小，云海日出，美景尽收眼底（图 14-29）。

图 14-29　朝霞中的板厂峪

在板厂峪看日出和在泰山、黄山、峨眉山等山区也不一样（图 14-30）。如果把在天南地北、各地名山拍的日出照片混在一起，就很难说清楚每一张照片究竟是在哪里拍的。因为在这些地方看日出，大多数是太阳加云海，大同小异。而在板厂峪则不同，在太阳和你之间，不但有茫茫云海，有层峦叠嶂，连绵不绝的山峰，还有一道长城。登高望远，看着东方渐渐出现了彩霞，太阳红着脸爬上了长城，打开它的七彩盒，把光束甩在了崇山峻岭上。板厂峪披上了霞衣，随光变换着色彩，城墙、树木、花草都在这霞光之中换着不同的装扮。时而深沉时而亮丽，时而灵动时而沉默。似火的朝阳使蜿蜒在山脊的长城变成了金黄色，犹如给绵延的群峰镶起一道金边儿，这时候，云彩只能算是日出的前景和陪衬了。

板厂峪可以看日出的地点很多，朝阳、长城、半壁山是看日出的标配（图 14-31）。由于不同季节的日出地点是不一样的，因此，北线长城、西北角长城和西线长城都很适合观看日出，但最佳的地点是海拔 851 米的京东第一楼。

图 14-30　阳光初照北线长城和穿心楼

图 14-31　阳光初照东线长城和半壁山

四、板厂峪日落

日落和日出，在许多方面，如同人生。日出总是给人以希望，带着青春的朝气和锐气，光芒四射，感天动地。而日落应该是大自然对时间的最强提醒了，每次日落都代表着一天即将结束。夕阳西下，只剩下余晖，接下来的时间将会走入黑暗，它带给人的感受往往是“夕阳无限好，只是近黄昏”和“莫道桑榆晚，为霞尚满天”的一丝落寞、无奈与凄凉。

但是，当落日的余晖遇到雄浑的万里长城会发生什么奇妙的反应呢？落日熔金，暮云合璧，整个天空色彩弥漫，暮色静静地吞噬着群山。就在这个时刻，金黄色的阳光却独宠了绵延于群山之巅的长城，给倔强耸立数百年的城墙和敌楼披上了“黄金甲”（图 14-32），像将军对戍守边疆战士的慰问，更像父母对勇于保家卫国儿女的凝望！穿上这身“黄金甲”，历经沧桑的长城显得更加巍峨壮观，坚韧刚毅的身影中多了一份平和，给人以战胜困难的力量！

图 14-32　夕阳下身披“黄金甲”的板厂峪西北角长城

看着这震撼人心的长城日落，还会有落寞无助的感觉吗？明天，又会是一个崭新的太阳。再说，日落也很美，我们要能够在晚霞中轻轻地吟唱：“最美不过夕阳红，温馨又从容。夕阳是晚开的花，夕阳是陈年的酒，夕阳是迟到的爱，夕阳是未了的情。有多少情爱化作一片夕阳红，最美不过夕阳红。”

第五节 巍巍长城的四季彩妆

板厂峪火山岩形成的层峦叠嶂与横亘其上的巍巍长城，在云蒸霞蔚的衬托下相得益彰，震撼人心，引人入胜了。奈何上苍仍觉得板厂峪不够完美，随着四季更替，不断地为它变换彩妆，创造了一幅美不胜收的动态画卷。

一、春花

阳春三月，春风春雨把春天带到了板厂峪，冰雪消融了，万物苏醒了，草木吐绿，春暖花开，板厂峪姹紫嫣红的季节来到了。桃之夭夭，灼灼其华，漫山遍野，是花的世界（图 14-33）。清明过后四月中，山上开了映山红，满树梨花春带雨，青青小草香味浓（图 14-34）。这时候来板厂峪登长城，让温暖的阳光晒晒你的肌肤，让崎岖的山路抻抻你的筋骨。

图 14-33 梨花与长城

在长城敌楼旁边，寻找当年守城将士们开垦的菜地，不仅可以抚摸着清新嫩绿的小草，感受它们在手心里跳跃的生机盎然，还能看到一棵棵山葱野蒜格外茁

壮，那是几百年生命力的延续，那是春天里蓬勃向上的力量。

图 14-34　山坡上的映山红

二、夏水

夏天，特别是入伏之后，板厂峪的雨季就到来了。独特的火山岩地貌使这里峡谷遍布，陡崖千仞，而雨水便顺着这些峡谷汇流成河，越过这些陡崖跌落成飞瀑，形成了华北地区难得一见的瀑布群景观。瀑布景观包括悬瀑和跌水两种。悬瀑是水流从悬崖峭壁之上喷涌而出，跌水是沿陡坡而下的急流。在板厂峪北山有大龙潭瀑布（图 14-35）、小龙潭瀑布和九道缸瀑布。平时，这些瀑布和溪流相当温柔，潺潺流水，清澈如许，水随山转，一路欢歌。但夏季的一场暴雨过后，它们都像是突然就回归了野性，奔腾呼啸，发疯发狂，摧枯拉朽，浊浪排空。

九道缸瀑布在板厂峪景区的东北角，就在石筒峡的旁边，是景区内所有瀑布中规模最大的，落差达 87 米（图 14-36）。其中一道缸至八道缸为跌水，九道缸为悬瀑。从景区东门附近的峡谷沟口北行不久，就有沿着峭壁搭建的木质栈道通向瀑布观景台。栈道下的小溪流水格外清澈，不时会见到湍急的跌水，哗哗地流下。小溪两侧，不仅有形状奇特的岩石，也有艳丽的花草，真是让人回归了自然，忘记了尘世。一会儿就听到了瀑布的轰鸣，看见了飞奔而下的一条白练。不过，大家一定要注意脚下。走山路，要一步一个脚印，稳稳当当，来不得半点儿急躁。攀过几道矮矮的铁梯，瀑布溅起的水雾，从空而降，脸上湿湿的，舒服极了。那感觉，是难以用语言来表达的。

图 14-35 大龙潭瀑布

图 14-36 九道缸瀑布的夏日和冬日冰瀑

炎炎夏日到板厂峪观瀑赏水，真是人生的一大快事。清新湿润的空气，清澈见底的流水，清脆悦耳的鸟鸣，一直伴随着隆隆轰鸣的九道缸瀑布，虽不如黄河壶口瀑布给我们那么多的震撼，但却能给我们说不尽的温柔和爱意，足以让我们驻足凝望，流连忘返（图 14-37）。

图 14-37　板厂峪流水潺潺

三、秋叶

每年国庆节前后，总要到板厂峪来看长城红叶（图 14-38）。红叶，似花非花，它不仅有和花一样的色彩，仿佛还有和花一样的形态；与花不同的是红叶的气势，红叶的壮观。它不是一朵一朵、一株一株的花，而是一面坡、一座山的红叶，是浩浩荡荡、铺天盖地的红叶。板厂峪的长城红叶是立体的美，有层次的美。加拿大的红叶、新疆喀纳斯的红叶，都是非常出名的。但是，板厂峪的长城红叶比它们更美。加拿大和喀纳斯都是平地，缺少立体感，太平淡了。板厂峪的长城红叶，最难得的是它的排场和气场。排场是有高山，有长城，场面大；气场是知名度高，人气足，人人都是风景。你在山上看风景，别人把你也当成了风景。

图 14-38　初秋的单边长城与 248 号敌楼及红叶

在板厂峪看长城红叶的时候，脚下要有一双结实漂亮的旅游鞋，头上要有一顶时尚拉风的遮阳帽，女同胞要穿色泽艳丽出奇出彩的花衣裳，男同胞要穿大红大绿条格图案的休闲装，登山看红叶，一步一景，步移景换，前后左右簇拥着你，远近高低渲染着你，你也成了红叶，你也成了美景（图 14-39）。

图 14-39　秋日板厂峪

红叶最盛的时候，论节气，就是从秋分到寒露，也就是八月十五中秋节、十一国庆节、九九老年节到来的时候。长城敌楼配红叶，人文自然最和谐。闟城小镇迎远客，十一长假过大节。板厂峪的秋天，南坡北坡、东坡西坡，到处都是红叶（图 14-40）。板厂峪秋叶花团如海潮，但是，最抢眼的当然还是屹立于山脊峰巅的长城敌楼。长城敌楼就是这幅全景图的主题和灵魂、统帅和旗帜。

图 14-40　北线长城的红叶

红叶不是单纯的红色，而是混搭的美。你看，赤橙赭绿，青黄杂糅，一些叶子红得像火一样炽烈，一些叶子还青青黄黄，像是刚刚走进春天；有的像五彩的玻璃，剔透晶莹；有的像斑斓的宝石，典雅温润；既有北方村姑的豪爽奔放，也有江南淑女的柔美端庄。

观长城红叶

闟城红叶伴长城，

长城红叶别样红。

红叶装点长城美，

他山红叶无长城。

四、冬雪

冬天在板厂峪看雪，冬至前和冬至后有所不同。冬至之前，立冬、小雪、大雪时节，号称“小阳春”，阳光灿烂，天气不算很冷。小雪前后，真要是下了雪，忽如一夜春风来，千树万树梨花开。仿佛春风吹来，不管是什么树，全都变成梨树，满枝条上梨花怒放，那就是拍摄长城雪景的最好时机啦（图 14-41）！

图 14-41　雪中六眼楼

冬日，一场小雪过后，“驴友”们身着风雪衣，来到板厂峪登山赏长城雪景（图 14-42、图 14-43、图 14-44）：红日照耀之下薄厚不一的积雪，树叶凋零之后深棕色的枝条，不时裸露的岩石山体，挺立高耸的砖砌敌楼，在山脊线高低跳跃、曲折蜿蜒的女墙，天上自由飞翔、发出凛冽激越鸣叫的鹰隼，这是一幅多么诱人的雪后长城图呀！

冬至以后，数九隆冬，燕山雪花大如席，北风号怒天上来。这时候，大雪封山，一般情况下，登山活动应该歇歇啦！但也只有这个时节，你才能看到旁人看不到的绝美的长城雪景。所以，这个时候登长城观雪景，从情理上讲是望雪兴叹，从情感上讲是欲罢不能。

三九寒冬季节登长城观雪景，请你一定要遵守四条铁律，四条铁律缺一不可，切记，切记：一是路上无冰无雪，或者有雪无冰；二不要顶着风雪出行，最好是“须晴日，看红装素裹”的大晴天；三是冬季野外装备齐全；四要有经验丰富的

“驴友”同行。只有这样，登山看长城雪景，才能做到安全第一，万无一失。

冬季登山，出行的装备是要备齐的。一双结实又防滑的雪地鞋，一件颜色鲜艳的保暖羽绒服，一副可靠耐用的登山杖，是必备的。如果在雪地活动时间较长，为了避免发生雪盲症，应该佩戴保护眼睛的雪镜。雪镜是登山快走时保护眼睛的专业防护工具。如果运动不激烈，也应佩戴深色的墨镜。

图 14-42　雪后红叶与敌楼

隆冬时节，登上板厂峪的高山才能知道，这搅天撼地的呼啸寒风，铺天盖地的燕山大雪，除了长城，谁还能配得上这长风万里，万里雪飘？还有诗。

当北国进入大雪纷飞的季节，多少古人、今人描写雪景的诗句，就会像雪片一样飞来，让人沉醉其中。我从中选了八首，不加评点，我们一起欣赏吧！

附：咏雪诗词选编

沁园春·雪　毛泽东

北国风光，千里冰封，万里雪飘。望长城内外，惟余莽莽；大河上下，顿失滔滔。山舞银蛇，原驰蜡象，欲与天公试比高。须晴日，看红装素裹，分外妖娆。

江山如此多娇，引无数英雄竞折腰。惜秦皇汉武，略输文采；唐宗宋祖，稍逊风骚。一代天骄，成吉思汗，只识弯弓射大雕。俱往矣，数风流人物，还看今朝。

白雪歌送武判官归京　[唐代]岑参

北风卷地白草折，胡天八月即飞雪。忽如一夜春风来，千树万树梨花开。
散入珠帘湿罗幕，狐裘不暖锦衾薄。将军角弓不得控，都护铁衣冷难着。
瀚海阑干百丈冰，愁云惨淡万里凝。中军置酒饮归客，胡琴琵琶与羌笛。
纷纷暮雪下辕门，风掣红旗冻不翻。轮台东门送君去，去时雪满天山路。
山回路转不见君，雪上空留马行处。

北风行　[唐代]李白

烛龙栖寒门，光曜犹旦开。日月照之何不及此？惟有北风号怒天上来。
燕山雪花大如席，片片吹落轩辕台。幽州思妇十二月，停歌罢笑双蛾摧。
倚门望行人，念君长城苦寒良可哀。别时提剑救边去，遗此虎文金鞞靫。
中有一双白羽箭，蜘蛛结网生尘埃。箭空在，人今战死不复回。
不忍见此物，焚之已成灰。黄河捧土尚可塞，北风雨雪恨难裁。

江雪　[唐代]柳宗元

千山鸟飞绝，万径人踪灭。
孤舟蓑笠翁，独钓寒江雪。

逢雪宿芙蓉山主人　[唐代]刘长卿

日暮苍山远，天寒白屋贫。
柴门闻犬吠，风雪夜归人。

春雪　[唐代]韩愈

新年都未有芳华，二月初惊见草芽。
白雪却嫌春色晚，故穿庭树作飞花。

雪梅・其二　[宋代]卢梅坡

有梅无雪不精神，有雪无诗俗了人。
日暮诗成天又雪，与梅并作十分春。

采桑子・塞上咏雪花　[清]纳兰性德

非关癖爱轻模样，冷处偏佳。
别有根芽，不是人间富贵花。
谢娘别后谁能惜，飘泊天涯。
寒月悲笳，万里西风瀚海沙。

塞北的雪　王德　我爱你，塞北的雪，飘飘洒洒漫天遍野。你的舞姿是那样的轻盈，你的心地是那样的纯洁。你是春雨的亲姐妹，你是春天派出的使节，春天的使节。你用白玉般的身躯，装扮银光闪闪的世界。你把生命融进土地，滋润着返青的麦苗，迎春的花叶。我爱你，塞北的雪。我爱你，塞北的雪。

图 14-43　傲立雪中的板厂峪长城

图 14-44　初冬小雪时节的板厂峪长城

第十五章 拥抱板厂峪长城

——赵琛教授考察板厂峪长城纪实

走遍长城，懂得长城，这是每个长城人的心愿。但谁都能懂得，在人有限的生命里，把几万千米的长城都走遍是不太可能的事情。中国长城研究院院长、东北大学教授、博士生导师赵琛教授深谙此理，但他仍然孜孜不倦地行走在中国长城之上，带领着研究院的长城人和学生们致力于长城的考察、研究和保护，制作《数字长城·中国》，使长城“年轻的风貌”永久呈现在人们面前。

在2021年端午节前夕，当本书编者向他介绍了在板厂峪发现暗门、羊马墙、牛马墙、品坑和偏坡等长城特色工事后，他便不顾刚从山西大同长城沿线考察的劳累，迫不及待地带着3名学生驱车来到板厂峪，开始了为期4天的长城考察，足见他对长城的热爱。笔者有幸参与其中，以文记之。

第一节 讲解长城奥妙

赵琛教授，中国长城研究院院长，中国古建筑文化遗产研究委员会主任，中国人类学民族学研究会古村落研究专业委员会主任，国家级精品课程、国家级精品资源共享课负责人，国家级视频公开课主讲人。担任中央电视台纪录片《文化名人系列之罗哲文》总策划，出版了《数字长城》《福陵》《昭陵》《百寿坊》《白狮坊》《文昌祖庭》和《李白故里》等著作。

2021年4月26日，赵琛教授在福州举办第四届数字中国建设成果发布会上发布了《数字长城·中国》，作为唯一展示数字长城参展单位的主要展示成果，这是他及其团队对长城研究30年的积淀，开启了数字长城新纪元（图15-1）。通过一张数字地图看长城、一段视频复原长城、一个U盘读懂长城、一部手机游览长城的“四个一”工程，实现了数字再现长城风貌。

图 15-1　赵琛教授在第四届数字中国建设成果发布会上讲解数字长城

赵琛教授说，现在是年轻人的世界，要有年轻人的思维，视频讲解长城要短小精悍，普及长城知识，突出长城文化特色，弘扬长城精神，才能使大家易于观看。这次他带领研究院人员到板厂峪长城，也是通过讲解，揭示长城奥秘，数字复原敌楼，展示明蓟镇长城敌楼的修建过程，完善《数字长城•中国》的内容。

在板厂峪北线长城杨来楼东侧的山体鞍部，有一座秦皇岛文物部门编号为244号的敌楼，因为这座敌楼有六个箭窗，也称“六眼楼”。在这座敌楼的西侧，从城墙墙体向下有两个拐弯的通道，宽60厘米，是奇特的“暗门”，一个通往关内，一个通往关外。平时，关内外可以在这里进行少量货物的交换，如以盐、茶叶、粮食换毛皮等。战时，这个暗门不容易被敌人发现，可以出奇兵攻击敌人的侧翼，或者将其包抄。当然也可以出动相当于今日特种兵的“夜不收”去执行任务。在暗门处，在六眼楼，在东边243号楼，赵琛教授对它们的功能进行了精彩的讲解，每个讲解都在两三分钟，准备审核后发到中国长城研究院制作的《数字长城・中国》和全国长城资源“民博智慧”网。

在242号敌楼里，他看到了长城沿线最小的砖，让研究院小齐进行测量。正当他准备讲解这座敌楼时，他的大姨从东北老家打来电话，告诉他，他的大舅昨晚去世了。笔者看到，他的眼睛里泛着泪花儿，说自己在长城上工作，不能回去了。随后，他给家人打了几个电话，安排了相关事宜，便又开始了今天的第四段讲解。在往回走的路上，他说着他大舅对他的好，他考上大学时，老人家给他送来了 50 块钱，“那时，我大舅一个月才挣 38 块钱”，他动情地说（图 15-2）。

图 15-2　赵琛教授带领中国长城研究院人员考察板厂峪长城

第二节　航拍云海长城

第二天凌晨 3 点 15 分，他起床后，招呼大家起床并要求做好各项准备工作。3 点半，我们开车 15 分钟，来到板厂峪北线长城的杨来楼前平台，他在杨来楼东侧城墙处默默向着东方默默肃立，深深鞠躬，告慰大舅的在天之灵（图 15-3）。

赵琛教授是画家，他的画类是一笔一笔写出来的。笔者见过他的古建画作，大气激荡，细腻完美，令人震撼。他也是设计师，他所设计的一张过春节寄用的明信片，两个相连的页面对折叠加，便形成了一幅日本国旗。但是，第一页面上日本国旗只有白色的部分，太阳的部分被抠空了，第二页是一幅中国的红旗帜，两页对折时，中国红成了日本国旗太阳的红。用他的话说：没有中国，日本红不了。他的这一设计，得到了外交部部长王毅的首肯，也得到了包括日本要员、中外设计师的称赞。

尽管他具备绘画、设计、摄影等艺术方面的深厚功底，但为了航拍，他自费3万元学习航天器的飞行。在无人机的拆装和对仪器设备的保护上，精心细致，对学生们的操作要求很高很严，耐心地说明要求、教给程序、讲好关联等等。凌晨4点半，当一切准备完毕，他又进行了一遍检查后，无人机终于飞上天空了。云雾就在我们头上，无人机上升到200多米，才开始拍摄。笔者站在他身旁观看他手中操纵仪器的画面，京东第一楼和两个高高的山头，也就是村民们所称的“双乳山”或“母亲山”，有时被云雾缭绕，有时云雾像江河流淌一样，有时云雾似轻纱缥缈，愈发显示出山的雄壮，云的柔情。赵琛教授时而专注于谨慎操作，不动声色，时而对学生进行讲解，告诉控制飞行的关键所在。当无人机飞回来时，他又与学生一起回看拍摄的视频和照片，告知学生哪些要保留，要做好储存工作。虽然今天没有阳光，飞行条件也有风险，但有几段视频和几张照片还是很美的。他说：“这是我大舅在保佑我啊！”

图 15-3　在长城上默默肃立，深深鞠躬，告慰大舅的在天之灵

第三天凌晨和第四天凌晨，我们都在同一地点进行了航拍。他说，用一颗执着的心，在同一个地方多次拍摄，才会取得理想的效果。总是飞过来飞过去，飘浮而过，心性不定，就不会有大成果。随着云雾的升腾，太阳从云层中露出脸来，画面更臻完美。尤其是第四天的飞行，镜头围着母亲山旋转，那由于火山喷发形成的柱理结构的山崖，那巍峨的长城敌楼和城墙，在厚厚薄薄的雾霭中，显得壮观和神奇。那壮美的场面，体现了修筑长城的艰辛与不易，体现了守城将士们的英勇与顽强，体现了长城人对长城保护的付出与无悔……

在第三天的拍摄中，一位中年男子和他十岁的女儿，在距我们十多米处就连声呼唤“赵老师、赵老师”。原来他是从大连而来的画家，叫“连达”。赵琛教授向我们介绍，这位画家画山西的古建筑、画长城，是用脚步丈量出来的，是用眼睛实地观察出来的，是用心感悟出来的。优异的成绩，来自刻苦的努力。连达则对我们说与赵琛教授从未谋面，但是已经得到了他的多次帮助，完成了自己不能独立完成的作品。随后，赵琛教授还问了连达小女儿几个问题，并向我们说，这个孩子，10 岁便跟她父亲不辞辛苦走长城，多次住在敌楼里，长大了必然会在同龄孩子中出类拔萃。

赵琛教授请连达和女儿吃完午饭，并让学生开车把他们送到火车站。连达父女走后，赵琛教授还不断向我们说着连达对艺术的孜孜追求和坚持不懈。

在同一天，我们还和秦皇岛长城之路公司的几位车手相遇，当赵琛教授了解到他们刚刚开出秦皇岛，便给他们出主意，必须开车走遍长城，从虎山直到嘉峪关，培养车手，锻炼队伍，扩大规模，才能做成大事。

作为一名“外人”，我深深地感受到赵琛教授对学生的眷眷之情、对朋友的无私帮助，对长城的无限深情。

第三节　拥抱长城

我相信机缘巧合，但我更相信知识积累后必得神助。

最后一天，我们凌晨航拍回来，吃完早点已将近 9 点了。赵琛教授从酒店出来，突然站定脚步，被左侧百米开外竖立的一座山石吸引住了。定睛一看，这不是“拥抱长城”吗？我在后边向北看去，只见我们经常看到的山石，在一道山脊上伫立，好似美丽的少女将头靠在恋人的肩膀上，秀发双分，瓜子脸庞，神情甜蜜。男子身着长袍，用臂膀紧紧搂着少女的肩颈，正似一位长城士兵与他的恋人在长城脚下久别相聚，深情拥抱（图 15-4）。这尊天然雕像的北部，是板厂峪的母亲山，山脊上盘旋着巍峨的长城。长城雄壮而柔美，大山厚重而多情，长城、大山都作了这尊雕像的背景，把这一深情拥抱映衬得完美精彩，令人动情。

图 15-4　赵琛教授发现的“拥抱长城”天然石像

这尊天然雕像已经在这里屹立了上亿年，在她的面前有多少代人走过，但直到 2021 年端午节这一天才终于被赵琛教授发现并命名为“拥抱长城”。酒店的工作人员说，天天从这里经过，怎么就没看出来像一对恋人拥抱呢？这是老天神奇地眷顾于他吗？我想是的，但我想这又何尝不是知识与经验积累的结果呢！

参考文献

[1] 仵墉，高凌霨，程敏侯. 临榆县志[M]. 台北：成文出版社，1968.

[2] 王琳峰. 明长城蓟镇军事防御性聚落研究[D]. 天津：天津大学，2012.

[3] 高锡畴. 临榆县志[M]. 台北：成文出版社，1968.

[4] 郭造卿，郭应宽. 卢龙塞略[M]. 刻本.

[5] 戚继光. 纪效新书[M]；练兵纪实[M]. 北京：中华书局，1998.

[6] 张廷纲. 弘治永平府志[M]. 上海：上海古籍书店，1990.

[7] 刘效祖. 四镇三关志[M]. 北京：全国图书文献缩微复制中心，1991.

[8] 张廷玉，等.明史[M]. 北京：中华书局，2016.

[9] 李百药. 北齐书[M]. 北京：中华书局，1974.

[10] 李延寿. 北史[M]. 北京：中华书局，1974.

[11] 《秦皇岛市校外体验教育教材》创作委员会. 秦皇岛市校外体验教育教材[M]. 秦皇岛：燕山大学出版社，2017.

[12] 艾冲. 中国的万里长城[M]. 西安：三秦出版社，1994.

[13] 陈海燕，董耀会. 中国长城志[M]. 南京：江苏凤凰科学技术出版社，2016.

[14] 陈厉辞，董劭伟. 秦皇岛板厂峪明长城《万历元年鼎建碑》残碑复原[C]//中华历史与传统文化论丛（第四辑）. 北京：中国社会科学出版社，2018：435-444.

[15] 董耀会，吴德玉，张元华. 明长城考实（修订版）[M]. 南京：江苏凤凰科学技术出版社，2019.

[16] 董耀会. 秦皇岛历代志书校注[M]. 北京：中国审计出版社，2001.

[17] 范熙. 眶明长城军事防御体系规划布局机制研究[D]. 天津：天津大学，2015.

[18] 高愈翔. 明蓟镇长城研究[D]. 西安：西北大学，2015.

[19] 呼贵礼. 抚宁县志（1979—2002）[M]. 北京：方志出版社，2014.

[20] 黄志明，魏延森. 抚宁县志（1979—2002）[M]. 北京：方志出版社，2014.

[21] 吉羊. 神聊秦皇岛[M]. 石家庄：河北人民出版社，2008.

[22] 贾珺，考舸. 明代以来喜峰口长城自然空间与文化空间的消长探析[J]. 学术研究，2019（8）：123-128.

[23] 景爱. 长城[M]. 北京：学苑出版社，2008.

[24] 康占忠. 抚宁县志[M]. 石家庄：河北人民出版社，1990.

[25] 康占忠. 秦皇岛历史辞典[M]. 北京：中央文献出版社，2014.

[26] 李建丽. 河北明长城军事管理体制及兵力配置[J]. 文物春秋，2008（6）：25-32.

[27] 李利峰. 抚宁史料集[M]. 北京：中国文史出版社，2006.

[28] 李利峰．抚宁县志校注[M]．北京：中国文史出版社，2007.

[29] 李小明．考古学视野下明代北部边防设施遗存研究[D]．西安：陕西师范大学，2019.

[30] 李占义．抚宁县名胜[M]．北京：五洲传播出版社，2010.

[31] 刘金毅，WAGNERJ，陈平富，等．河北秦皇岛斑鬣狗巢穴（灵仙洞）及斑鬣狗的集群死亡与埋藏[J]．第四纪研究，2015，35（3）：607-621.

[32] 柳成志，马凤荣．北戴河地区地质实习指导书[M]．北京：石油工业出版社，2006.

[33] 罗哲文．长城[M]．北京：北京旅游出版社，2008.

[34] 马冲，赵毅．戚家军战力发展研究——从浙江到蓟镇[J]．辽宁师范大学学报，2018，41（2）：145-149.

[35] 马静茹．戚继光镇守蓟镇前后境遇的变化[J]．江南大学学报，2013（1）：75-81.

[36] 孟昭永．明长城敌台建筑形制分类[J]．文物春秋，1998（2）：29-35，121.

[37] 屈维英．明长城砖窑群惊现秦皇岛[J]．瞭望新闻周刊，2003（2）：50-51.

[38] 沈朝阳．秦皇岛长城[M]．北京：方志出版社，2002.

[39] 时晓峰．山海关历代旧志校注[M]．天津：天津人民出版社，1998.

[40] 孙继胜．秦皇岛市志（1979—2002）[M]．北京：方志出版社，2009.

[41] 孙志升．中国长城[M]．北京：中国文史出版社，2008.

[42] 晚学，王兴明．浅谈明长城墙台的几种类型[J]．文物春秋，1998（2）：26-28.

[43] 王丽华．戚继光诗文研究[D]．西宁：青海大学，2017.

[44] 薛程．中国长城墙体建造技术研究[D]．西安：西北大学，2018.

[45] 王忠林．秦皇岛地名典词[M]．天津：天津人民出版社，1994.

[46] 吴克贤．秦皇岛地区明长城防御武器刍议[J]．文物春秋，2002（3）：25-28.

[47] 肖立军．明代蓟镇援关营制考略——兼谈明卫所制与省镇营兵制关系[J]．天津师范大学学报（社会科学版），2018，257（2）：17-21.

[48] 彭勇．明代北边防御体制研究——以边操班军的演变为线索[M]．北京：中央民族大学出版社，2009.

[49] 杨文和．明长城蓟镇图考略[J]．中国历史博物馆馆刊，1987（0）：110-119，105.

[50] 张健荣．蓟镇防务与戚继光的军事思想研究[J]．三门峡职业技术学院学报，2012，11（2）：76-78.

[51] 张玉坤，李严．明长城九边重镇防御体系分布图说[J]．华中建筑，2005（2）：116-119，153.

[52] 王琳峰，张玉坤，魏琰琰．明长城蓟镇防御体系与军事聚落[M]．北京：中国建筑工业出版社，2017.

主编的话

吉　羊

2021 年是徐达修建永平、界岭、山海长城 640 周年，是戚继光修建蓟镇长城并 1017 座敌楼 450 周年，板厂峪长城享此殊荣。2020 年 11 月 26 日，国家文物局发布了首批国家级长城 83 个重要点段名单，海港区居其三，板厂峪长城光荣在列。我是海港区政协委员，遂向区政协请缨，想写一本介绍板厂峪长城的读本，区政协郭占鑫主席点题《话说板厂峪长城》。接题后，知此事非同小可，如同接过了一个科研项目，必须有大量的野外考察和历史资料研究，才能担当此任。

2017 年，受市、区领导的邀请，我有幸参与了河北省第二届旅游发展大会的筹办活动，并因之有了一个新的平台：时年 74 周岁的我成为海港区政协委员，秦皇岛柳江地质文化研究会应运而生，推举我做会长，并为我配备一间舒适明亮的工作室，盼我能全力以赴，研究我之所爱，发挥我之所长。这是我的幸运，承秦皇岛市所赐，承海港区所赐。区政协郭占鑫主席一直关心支持本书的编写工作，几位副主席和部分政协委员、机关工作人员多次到板厂峪考察长城，调研长城的保护情况。值此书出版之际，我衷心地感谢海港区党政领导以及海港区政协所给予的巨大支持，也庆幸与姜耀俭教授和我的团队相伴。

1988 年，我 45 岁，姜耀俭教授 35 岁，我们第一次走进板厂峪。时光荏苒，倏忽 33 年过去，我们曾在板厂峪考察地质，攀登长城，设计研学实践，带领野外实习；寻访长城后裔，追梦烈火砖窑；倒挂长城求索，峡谷瀑布放歌。勘察石灰岩神奇溶洞，研究斑鬣狗罕见化石；发现石筒峡古火山口，叩问熊顶盖石海草原；勘测 7 千米经典剖面，徒步 8 小时断壁残垣；编制板厂峪旅游规划，拍摄屏峰山石林奇观。千答百问无数旅游者、参观者、考察者，一路同行几多地质人、长城人、探险人。

2020年，我和姜教授终于拥有了一支团队。首先加入的是文史研究者高欢，一位通读秦皇岛一带地方志、自学成才的年轻人。然后是军旅出身的张鹤云，他比姜教授小10岁，比我小20岁，身体矫健，文思敏捷，组织能力强，成为我们这支团队的中坚力量。紧跟着，几位老朋友加入了，“80后”博士、硕士加入了。截至2021年春节，形成了我们这支团队的核心——

吉　羊　东北大学秦皇岛分校教授、柳江地质文化研究会会长

姜耀俭　东北石油大学秦皇岛校区教授、博士、柳江地质文化研究会副会长

张鹤云　秦皇岛市海港区文联原主席、柳江地质文化研究会秘书长

谢战军　河北农业大学海洋学院教师、博士

谢奋全　东北石油大学秦皇岛校区教师、博士

高　欢　秦皇岛浅野水泥厂员工、柳江文史研究者

唐百成　东北大学秦皇岛分校在读博士

陈厉辞　秦皇岛玻璃博物馆馆员、硕士

罗勇军　秦皇岛柳江地质文化研究会副秘书长

刘立忠　秦皇岛柳江地质文化研究会外联部长

拥有了这样一支思维敏锐、不避艰险、能征善战、豁达宽容的团队，是人生之大幸。半年时光过去，发现频频传来，概念一一梳理，成绩斐然成章。百科稽考，史海钩沉，铁鞋踏破，其志愈坚，胼手胝足从未言苦，夙夜劳形而不稍息。正是有了团队的艰苦努力，慷慨奉献，才有了这本凝结大家心血的《话说板厂峪长城》，我感谢团队的每一位成员。

在本书成书过程中，郭占鑫主席、董劭伟博士为本书作序，板厂峪景区的工作人员和大学生志愿者提供了热情帮助，郭万海题写书名，赵喆设计封面，董丽娟、魏勇军、史淑莉审校全文，对诸位的诚挚付出，在此谨一并致谢。

大自然，人世间，并不缺少美，板厂峪也不缺少美。如果你对生活充满了热爱，对美有着敏锐细腻的感触，美就会不请自来。当你拥有了一双善于发现美的眼睛，迸发着能量，闪耀着光芒，这时候，看山山青，看水水灵，看树树秀，看花花红，云霞变幻中，看到的，是灵动的山石文景，是别样的万里长城。

测量板厂峪长城 18 千米的长度，并不难。而要测量出它在中国历史文化遗产中的高度、深度、厚度，却绝非易事。不同人，对板厂峪长城的观察和研究，也会有不同的量度、角度和理解。我们的理论水平不高，野外工作也有所欠缺，书中难免会出现各种错误和不当之处，敬请各位专家和读者，提出批评意见。

2021 年 5 月 18 日　于秦皇岛　板厂峪